Claudio Matterazzo

24000 FILMSSSS

8 FILM DA LEGGERE

Youcanprint *Self – Publishing*

Titolo | 24000 Filmssss
Autore | Claudio Matterazzo
Immagine di copertina | © floral_set - Fotolia.com
ISBN | 978-88-91121-96-7

Youcanprint *Self-Publishing*
Via Roma, 73 - 73039 Tricase (LE) - Italy
www.youcanprint.it
info@youcanprint.it
Facebook: facebook.com/youcanprint.it
Twitter: twitter.com/youcanprintit

INDICE

Il vecchio mafioso

Tre anni fa ero senza lavoro, avevo finito quei pochi soldi che come tanti lavoratori italiani avevo messo da parte negli anni del boom economico.
Io ho una famiglia, ho cercato aiuto da Dio. Dopo poco ho trovato un lavoro e ho sognato questo film.
Il giorno dopo scrivevo il film come me lo sono sognato.
Prima di questo film non avevo mai scritto una frase.

Un mafioso in carcere conosce un broker che gli confida che dei personaggi molto potenti nella finanza vogliono creare più povertà nel mondo con delle speculazioni di borsa.
Il vecchio mafioso esce dal carcere, e i suoi figli che hanno studiato e non fanno i mafiosi, con l'aiuto di hacker e di broker salvano la società.

Primo tempo il vecchio mafioso

Musica inizio film Joe Satriani.

Musica di coda Joe Satriani.

Il vecchio mafioso. Anno 2016. Dopo parecchi anni passati in prigione, il vecchio decide di ritirarsi nella sua vecchia casa di campagna, dove è nato, a Gangi, nel centro della Sicilia.

Scena

Portone della prigione. Il vecchio esce dalla prigione, una macchina lo viene a prendere e vanno verso casa.

Frenk, fuori dal portone del penitenziario: "Da oggi sono libero, non ho più voglia di andare in prigione".
Entra in macchina e ci sono due suoi figli: Tom e Marco.
Marco: "Ciao papà, da oggi sei libero e farai il pensionato".
Tom: "Hai anche l'orto da curare. Voglio i pomodori che coltivavi quando ero piccolo".
Frenk: "Ti ricordi dopo tanti anni i miei pomodori?"
Tom: "Sì, mi ricordo tante cose di quando ero piccolo".
Marco: "Fuori è cambiato tutto, papà, i mafiosi non ci sono più in America".
Frenk: "La mafia è una brutta bestia, per questo vi ho fatto studiare. Ai miei tempi dovevi stare alle regole: o così o morivi. Per questo ho dovuto sacrificarmi". Suo figlio, di Ciano, Marsala, è il sindaco di New York.
Tom: "Siamo arrivati, tutti ti aspettano".

Musica di Frank Sinatra: Somethin' Stupid.

Nella sua villa a 20 km da New York, in una bella serata, a cena con tutta
la famiglia composta da moglie e cinque figli tutti maggiorenni.
Tom e Marco, due gemelli di 39 anni, tutti e due avvocati con un studio loro, bravissimi all'università.
Antonio, di anni 30, studente modello all'università di matematica, Leo e Alex, studenti.
Leo studia in Italia a Firenze all'Accademia delle Belle Arti, innamorato dell'arte italiana del 1600 e delle città italiane ed europee.
Alex, amante della bella vita, studia medicina e vuole diventare campione di golf.

Leo ha 26 anni, Alex ha 24 anni.

La madre è la tipica casalinga italiana di nome Maria.

Il vecchio è Frenk durante la cena parla con i figli di questa decisione di andare nella sua Sicilia, lasciando tutto quello che ha a New York ai figli.

Dà loro un libro che parla delle teorie della borsa, scritto da un broker che era in cella con lui.

E raccomanda i figli di contattare il vecchio broker al numero di telefono.

Il broker è un nero di 66 anni di nome Jony, vive a Chicago.

Scena

Nel giardino della villa, a una grande tavola, stanno mangiando tutti i componenti della famiglia.

Al finale della cena, uno a uno, i figli del mafioso si alzano in piedi e fanno un brindisi e un discorso al padre e alla madre.

Tom augura un buon viaggio e un buon relax in Sicilia.

Marco piange e borbotta solo: "Vi amo".

Antonio augura tutto il bene per loro.

Leo, che è arrivato dall'Italia, è qui per il padre che è uscito dal carcere.

Ringrazia lui e anche sua madre per tutto.

Alex lo ringrazia per averlo fatto studiare.

Alla fine alzano il bicchiere di spumante e dicono: "Viva l'America, la Sicilia e l'Italia".

Musica di Conte: Bartali.

I vecchi prendono l'aereo e tornano in Sicilia.

In aeroporto ci sono tutti i figli che salutano i vecchi.

Abbracci, baci, ciao ciao ciao.

Musica di Morricone: C'era una volta in America.

Passa qualche mese. Tom e Marco cercano a Chicago Jony il broker e lo convincono a rientrare in gioco.

Tom, a telefono: "Pronto, parlo con Jony? Sono figlio di Frenk, ci possiamo vedere?"
Jony: "Sì, ci vediamo questo pomeriggio in sala giochi alle 15. Lary street n. 232".
Tom: "Va bene, a dopo".
Nel pomeriggio, in sala giochi, Jony: "Frenk mi ha parlato tanto di voi. Come stanno Frenk e sua moglie?"
Marco: "Io sono Marco. Papà e mamma stanno bene, sono partiti per la Sicilia".
Tom: "Io sono Tom. Frenk ci ha parlato di te e ci ha dato questo libro molto interessante".
Marco: "Dopo aver letto questo libro vorremmo fare qualcosa, ma abbiamo bisogno di te. Entra ancora in scena".
Jony vuole entrare in scena per distruggere questi bastardi.
Tom: "Vieni a New York, organizziamo la cosa".
Jony: "Va bene, la settimana prossima sono a New York".
Musica di Eminem: Criminal.

Scena

Passano le settimane. I tre, dopo aver studiato un piano, decidono di andare per un periodo in Borsa a Wall Street. Jony incontra vecchi amici.
Jony: "Andiamo per un periodo a Wall Street, ci studiamo la cosa".
Marco: "Buona idea".
Tom: "Da domani si incomincia".

A Wall Street Jony parla con molti vecchi amici e vuol sapere com'è la situazione.

Musica di Michael Jackson: Smooth Criminal.

Dopo qualche mese Marco ha un'idea: vuole creare problemi a queste grosse banche che creano povertà nel mondo. Trovano tre giovani hacker e con Antonio, uno dei fratelli, vogliono impoverire queste banche speculatrici.

Antonio, studente all'università, aiuta Marco e Tom e ha un'idea. "Io conosco gli hacker più bravi d'America. Quando parlerò di questa cosa qua, ci aiuteranno".

Antonio: "Bylybys, ciao, ho bisogno di te e dei tuoi amici. Quando posso venire nel tuo studio?"
Bylybys: "Anche domani, io sono sempre qua".
Antonio: "A domani".

Musica di Serebro: Gun.

Giorno dopo da Bylybys. Antonio spiega tutta la situazione.
Bylybys: "Studio un po' e tra qualche giorno ci sentiamo. Vieni qua di persona. Non bisogna usare il computer per queste informazioni".
Antonio: "Mi chiami tu".

Scena

Bylybys fa un giro di telefonate, organizza un'organizzazione e creano un piano.

Musica di Sabrina Salerno: Boys (Summertime Love).

Gli hacker creano una rete di un centinaio di ragazzi pronti a questo progetto.

Bylybys: "Ah, Pegy, re dei hacker, fai tu. Tienimi informato".

Passa un mese. Uno degli hacker trova il sistema, entra dentro il cuore delle quattro banche d'affari. Le banche stanno per fare una speculazione da far tremare il mondo intero, con aumenti del 40% su alimentari, petrolio e materie prime.

Musica di Eminem: Without Me.

Pegy, il re dei hacker, decide di cambiare i dati dal computer generale di queste banche.
Ha bisogno di un'idea geniale, c'è bisogno della conoscenza artistica di Leo.
Leo, bellissimo modello, deve far innamorare Elen, la figlia del presidente delle banche.

Pegy: "Ah, Antonio, c'è bisogno di tuo fratello Leo, deve conoscere la figlia del presidente della banca centrale".
Antonio: "Lo chiamo domani e gli spiego la situazione".
Antonio: "Pronto, Leo, abbiamo bisogno di te, della tua cultura, dell'arte e della tua bellezza".
Leo: "Certo, farò la mia parte, ci sentiamo a casa".
Antonio spiega a Leo che deve sedurre la figlia del presidente delle banche.

Musica di Lucio Dalla: Caruso.

Scena

In un ristorante italiano Leo fa la conoscenza di Elen. La ragazza perde la testa per Leo.

Scena

In un ristorante italiano chiamato a Milano, a un tavolo c'è Leo che mangia.
Lì vicino, a un altro tavolo, ci sono 3 ragazze che mangiano.

Il ristorante è famoso per la cucina ma anche per i quadri esposti alle pareti.
Leo fissa un quadro alle spalle di una di queste ragazze.
Dopo 10 minuti la ragazza si sente osservata e ogni tanto osserva quel bel Leo che sembra un fotomodello.
Leo fa un sorriso alla ragazza, e la ragazza contraccambia con un bel sorriso.
Alza il calice di vino; anche Leo alza il calice di vino.
Poco dopo lui chiama un cameriere e fa portare una bottiglia di Cartizze italiano al tavolo delle ragazze e un bigliettino da visita con scritto nome, professione e numero di telefono.
Per la ragazza che lo guardava.

Le ragazze parlano solo di moda.

Musica dalla radio del ristorante in sottofondo. Modugno: Vecchio frack.

Dopo 1 settimana Elen chiama Leo e lo vuole conoscere meglio.
È affascinata per il lavoro che fa Leo.
Scopritore di quadri antichi.
Elen invita Leo a una cena al ristorante a Milano.
Lo vuole, gli piace.

"Pronto, sono Elen, domani sera sono libera. Andiamo al ristorante, vorrei conoscerti meglio. Anche a me piacciono i quadri antichi".
Leo: "Ci vediamo al ristorante. Prenoti tu?"

Scena

Al ristorante mangiano e parlano.
Elen: "Studi in Italia? Mi piacerebbe andare a visitare Firenze, Venezia, Roma, Napoli".

Leo: "Posso portarti io. Conosco tutta l'Italia: ci sono dei piccoli paesini sopra le coline toscane e sulle Alpi che sono unici".
Elen: "Un giorno forse andremo".
Leo: "Buono questo vino".

Musica dalla radio del ristorante in sottofondo. Peppino Di Capri: Champagne.

Dopo tre settimane la famiglia di Elen invita a casa Leo per una cena.
Tutti parlano del più e del meno.
Ciarly, padre di Elen, trova Leo molto preparato e vuole mostrargli un piccolo quadro veneziano del 1500 che ha nel caveau della banca principale.

Ciarly: "Mi ha detto tua madre che hai conosciuto un bel ragazzo! Piacere, Ciarly".
Elen: "Papà, ti presento Leo, esperto d'arte".
Mangiando, Ciarly chiede: "Sei di origine italiana?"
Leo: "Sì, ma sono sempre in Italia per lavoro".
Ciarly: "Mi diceva Elen che sei esperto d'arte".
Leo: "Sì, mi occupo d'arte antica".
Ciarly: "Ho un quadro da farti vedere, ma non qua: nel caveau della banca. Quando puoi ti faccio vedere il quadro, vorrei saperne di più".
Leo: "In settimana sono libero un giorno".

Alla fine della cena, Leo prende un taxi.

Musica di Frank Sinatra: Summer Wind.

Fine primo tempo

Secondo tempo il vecchio mafioso

Dopo qualche settimana Ciarly, il presidente delle banche, invita Leo e sua figlia Elen nel caveau della banca principale a vedere questo quadro veneziano del 1500.

Pegy chiama Leo: "Ho una telecamera nascosta dentro degli occhiali; con quella e un microfonino stiamo in contatto. Ti dirò cosa devi fare quando sei nel caveau della banca".

Nel caveau della banca, Ciarly: "Beviamo un whiskino?"
Leo: "Ok".

Dopo 10 minuti.

Ciarly: "Questo è il quadro che dicevo".

Leo, dopo averlo esaminato: "Questo è un falso, mi dispiace".
Ciarly: "Sto male. Elen, prendi le gocce nel mio armadio".

Ciarly è a terra. Leo apre la cravatta e la camicia per sentire il battito.

Pegy: "Leo, è il momento. Guarda i numeri sulla medaglia al collo, gira un po', voglio vedere i computer. Va bene così, abbiamo tutto".

Leo: "Ok".

Arriva Elen: "Papà svegliati, papà, ho chiamato il dottore. Bevi questo".

Scena

In un bell'appartamento, davanti ai suoi computer, Pegy, capo degli hacker, dà a Leo istruzioni.

Musica di Frank Sinatra. Fly me to the moon.

Scena

Arriva l'autoambulanza, Ciarly va all'ospedale.

E ci resta per 3 mesi.

Scena

Il gruppo di hacker cambia informazioni e dati alle banche speculatrici.

Tutti gli hacker sono al lavoro, ognuno con il suo computer.

Musica di Eminem. Lose Yourself.

Dopo qualche settimana Tom e Marco, i due avvocati, con Jony, il broker, e l'aiuto di altri broker a Wall Street creano il panico. Le banche speculatrici perdono tutti i soldi.

Scena

Veduta con telecamera di Wall Street con tutti i broker.

Davanti ai computer che lavorano.
È panico.
Jony: "Adesso tocca a noi, dobbiamo solo aspettare e stare in silenzio; è la piazza che parlerà".

Tutti in silenzio per un po'.

Dopo 30 minuti due persone urlano: "Ci avete rubato i soldi, dateci i soldi indietro! Chiamiamo i nostri avvocati!"

Tutti i broker iniziano a battere le mani facendo degli applausi e guardando le 2 persone.

Musica dei Pink Floyd. Money, Another Brick in the Wall.

Giornali di tutto il mondo ne parlano per mesi.

Tutto il gruppo che ha salvato il mondo dalla speculazione vive momenti di fama. Decidono di dare tutti i soldi alle associazioni per la fame del mondo, alla ricerca e ai musei del mondo.

Musica di Serebro: Mama Lover.

Dopo qualche mese Leo e Elen si sposano. C'è una festa e ci sono tutti, anche Ciarly è uscito dall'ospedale.

Scena

Nel parco della villa c'è un buffet con tanta gente, ci sono tutti i salvatori del mondo.

Gli sposi si baciano, tutti alzano il bicchiere.

Telecamere dall'elicottero girano la scena.

Musica di Serebro: Tik Tok.
Finale: Leo e Elen prendono una vacanza e visitano tutte le città del mondo.

Leo e Elen prendono l'aereo.

Vediamo la coppia a Parigi, a Londra, a Venezia.

Musica di Lionel Richie: All Night Long.

Fine

Alcatraz 2015

L'idea nasce dopo le ricerche del penitenziario sul web.

Molti visitatori vanno a visitare l'isola di Alcatraz.
Una famiglia viene fatta prigioniera dal fantasma di una cella per tutta la notte.

Siamo nel 2015 in una bella giornata primaverile nell'isola di Alcatraz dove ci furono le famose prigioni

Primo tempo

Musica di testa Steve Vai: For The Love Of God.

Musica di coda Steve Vai: Tender Surrender.

In un battello ci sono diverse persone; tutte stanno andando nella prigione di Alcatraz. Tutti i giorni è pieno di visitatori curiosi.

Durante un viaggio nel battello che porta ad Alcatraz, nella cabina di comando il capitano è allegro e canta con la radio accesa 'O sole mio, con un po' di accento americano.

La radio suona con il volume alto, e tanti passeggeri allegri cantano 'O sole mio ad alta voce.

Il battello arriva nell'isola di Alcatraz e tutti i passeggeri scendono dal

Battello. Altri passeggeri salgono nel battello ridendo e scherzando.
Il battello parte per San Francisco.

Scena

Il battello parte, si sente una musica napoletana famosa in tutto il mondo 'Iamme, iamme, iamme, iamme' cantata dalla radio e dal capitano, e dopo un po' tutti cantano 'iamme iamme' e il battello sparisce e arriva a destinazione.

Siamo nella prigione di Alcatraz.
Una guida fa da cicerone al pubblico che visita la prigione.

Guida: "Buongiorno, siamo nelle carceri americane più punitive e brutali d'America. Nell'altro secolo, circa nel 1950, qui furono imprigionati gli assassini più pericolosi dell'America, e nel 1963 fu chiuso. I muri di queste prigioni sono piene di segni, scritte lasciate dai carcerati di quegli anni. Gli assassini più duri venivano anche torturati o picchiati a sangue. Le carceri sono come state lasciate quando nel 1963 furono chiuse. Vietato fare qualche scritta o segno sui muri delle celle. Ho finito, vi lascio alla vostra visita. Se avete qualche domanda, fatela".

Silenzio totale.

I visitatori girano cella per cella, come dovessero trovare dell'oro.

Scena

Si vedono i visitatori che girano cella per cella, guardano le scritte sui muri e sembrano attratti dal carcere.

Passa un'altra giornata.

Un giorno nella prigione di Alcatraz arrivano altri visitatori.

Nel pomeriggio una giornalista quarantenne visita cella per cella.

E dopo un'ora arriva nell'ultima cella.

La giornalista Spenser parla da sola: "Che brutto posto, ho già mal di testa. Questo ambiente è ostile, sento il male, c'è qualcosa che mi sfugge".

La giornalista tocca i muri con un dito e ha subito una fitta nella testa.

La giornalista vuole uscire: "Che brutto posto, voglio uscire, non mi piace".

Sta per uscire quando viene attratta da un piccolo occhio disegnato sul muro della cella.
L'occhio è all'altezza di un metro e settanta ed è delle dimensioni umane, con un piccolo forellino al centro.

Improvvisamente si sente una nota musicale, un re che dura un minuto.

La giornalista rientra nella cella e si avvicina all'occhio. Guarda dentro
l'occhio. Vuole staccarsi, ma non ce la fa: è attaccata come una ventosa al muro.

Improvvisamente vede una nebbia, un uomo tutto nudo di schiena, con le braccia legate al muro, e tre poliziotti che con i bastoni picchiano l'uomo.

Scena

L'uomo legato al muro che urla dal dolore e i tre poliziotti con dei
bastoni che lo percuotono su tutte le parti del corpo. I poliziotti
urlano parole tipo: sporco assassino bastardo, non farai più male a
nessuno, adesso ti spacchiamo le gambe, così non potrai mai più
fare del male.

La giornalista vuole staccarsi dal muro ma non ce la fa. Vuole
chiedere aiuto ma non escono le parole.
Dopo 10 minuti si sentono tre suoni metallici del ronzatore delle
prigioni. La giornalista si stacca dal muro e scappa fuori dalla cella
e dalla prigione.

Musica di Frank Zappa: I Have Been in You.

È fuori, vicina a un chiosco, mentre beve una coca cola e parla da
sola.

Giornalista: "Roba da matti! Sono diventata una sensitiva e non lo
sapevo! Dovrò scriverlo sul mio giornale che è pericoloso visitare
queste carceri".

fine primo tempo

Alkatraz 2015 secondo tempo

Dopo pochi giorni la giornalista Spenser parla col direttore del giornale.
Giornalista: "Direttore, sono stata a visitare la prigione di Alcatraz e ho avuto la sensazione di un posto ostile; penso che ci siano i fantasmi dei criminali del passato".

Il direttore ridendo: "Cosa ti è successo nelle prigioni?"

Giornalista: "Quando sono entrata nelle prime celle sentivo nausea e dei fastidi. Quando sono arrivata nell'ultima cella, sono stata attratta dal disegno di un piccolo occhio; non potevo non guardare dentro questo occhio, era più forte di me: ho guardato e sono stata attratta dal muro e non potevo più staccarmi".

Giornalista, piangendo: "Ho visto delle scene terribili".

La giornalista va in trance racconta la scena che ha visto, più altre cose.

Si vede la scena.
Si vede la scena dal principio.
I tre poliziotti prendono il carcerato, lo legano al muro e cominciano a picchiarlo con le mani. Il carcerato riesce a prendere uno dei poliziotti con le gambe e a spezzargli il collo.

Un altro poliziotto si prende una pedata in faccia, cade per terra e si spacca la faccia.

Per terra è pieno di sangue, il terzo poliziotto prende paura.
A quel punto il poliziotto chiama rinforzi e arrivano altri 2 poliziotti in soccorso; gli danno delle bastonate con dei bastoni, gli strappano i vestiti e lo finiscono a bastonate e a parolacce.

Il direttore alla giornalista: "Scrivi qualcosa della prigione, non andare tanto nel duro, potremmo avere problemi. In questa prigione lavora molta gente, ricordatelo".

Passa una settimana. La giornalista Spenser scrive un articolo nel suo giornale, ma nessuno ci fa caso.

Musica di Frank Sinatra: I've Got You Under My Skin.

Un altro battello con altri visitatori approda nell'isola di Alcatraz.

Scena

Un battello che va e la gente che si gode la giornata con la musica di Frank Sinatra I've Got You Under My Skin.

I visitatori scendono e vanno a far visita alle carceri.

Passa qualche mese; è una bella giornata di sole e fa caldo.

Arriva un battello all'isola di Alcatraz, scendono molti visitatori. Altri con lo stesso battello partono.

Sono le 4 del pomeriggio; piano piano i visitatori entrano nel carcere.

Quel pomeriggio la famiglia Tomso, composta da padre, madre e due fratelli di circa 13 e 11 anni, visita le celle una per una in silenzio.

Passa un'ora, sono nell'ultima cella.

Dentro quella cella improvvisamente si sentono tutti un po'
strani. Il padre dice: "Andiamo via". Tom, il bambino di 11 anni,
viene attratto dall'occhio che c'è nel muro.

Tom a suo fratello Piter, più grande: "Guarda quell'occhio!"

Piter guarda dentro l'occhio e viene attratto dal muro.

Tutti e quattro sentono un urlo straziante.

Improvvisamente la cella si chiude da sola.

Tutti vogliono urlare e chiedere aiuto, ma non riescono.

La cella incomincia a ghiacciare e si crea un po' di nebbiolina.

I bambini: "Ho freddo, ho freddo".

La mamma: "Portate pazienza".

Passa il tempo. Il carcere è chiuso; l'ultimo battello parte per la
Baia di San Francisco.

Dentro il carcere si sentono improvvisamente urli di dolore; si
forma una nebbia, non si vede più nulla.

Musica Dark Choir Music Enchantingly Beautiful!

Nell'ultima cella c'è la famiglia Tomso disperata. Chiedono aiuto
ma non si sente nulla. Passano le ore.

La mamma, attaccata alle sbarre, grida ma le parole non escono
dalla bocca, e si dispera e piange. Il fratello più grande è attaccato

all'occhio e vede delle scene di poliziotti che picchiano un carcerato.

Il papà e il bambino più piccolo tirano il fratellino per le braccia per staccarlo dal muro. Il bambino Tom piange e chiama suo fratello "Piter, Piter!"

Il padre a Piter: "Cosa succede? Senti male?"

Piter: "Non sento male, ma vedo dei poliziotti che picchiano un uomo".

Per qualche minuto si sentono delle lunghe note di un organo da chiesa.

Passano le ore. La cella è scura e fredda, e la nebbia è sempre più densa.

Nella cella si sentono delle grida di dolore.

Una voce rauca: "Tomso, vi porterò con me. Il vostro avo, giudice Tomso, mi ha rovinato la vita! Io ero innocente, il vostro avo giudice Tomso mi ha chiuso qui in questa cella, e per difendermi sono diventato un assassino".

Voi verrete con me all'inferno.
Passa la notte. La cella è sommersa dalla nebbia e si sentono urla di dolore per tutta la notte.

Alle 9 del mattino arrivano i primi visitatori.

Scena

Arriva il battello e arrivano i visitatori di Alcatraz.

I primi visitatori, circa una trentina, guardano cella per cella, e una coppia di cinquantenni arriva nell'ultima cella. Chiedono aiuto, tutti arrivano per vedere.

Nel muro sono incassati, ancora vivi: Piter, che guarda dentro l'occhio, e il fratellino e il padre con la schiena nel muro, uno al lato destro e l'altro al lato sinistro, con le braccia diritte; la mamma abbraccia Tom e tutti piangono.

I custodi chiamano subito la polizia e l'ambulanza.

Musica dark music vampirical.

Arrivano i poliziotti, arriva un elicottero con dei dottori.
I visitatori vengono allontanati.

Scena nella cella: i dottori visitano la famiglia Tomso.
Un poliziotto fa delle domande alla famiglia.
La signora Tomso spiega tutto alla polizia.

In quel momento c'era un silenzio che sa di morte.

Un dottore dice: "Qui bisogna chiamare un esorcista".
Dopo un'ora si presenta un prete piccolo e cicciottello, e con l'acqua santa benedice la cella.
Il muro piano piano inghiottisce i tre Tomso. Il prete chiama col cellulare il vescovo di San Francisco.

Il vescovo chiama una signora per telefono e le spiega la situazione.

Nell'isola arriva un elicottero. Scende una signora piccola con un cappello in testa, non si vede bene il viso.

La signora va direttamente nella cella, accompagnata da un poliziotto.

La signora guarda bene la scena, poi parla col prete.

Il prete dice: "Scusateci ma dobbiamo stare qui solo noi 2, può essere pericoloso".

Tutti vengono allontanati.

Musica tetra all'incontrario. Pink Floyd: Another Brick in the Wall.

Il prete incomincia a pregare ad alta voce e a benedire con l'acqua santa la cella; si forma una nuvola e resta sospesa nel soffitto.
Dopo un'ora di urli, grida e voci dall'aldilà, la sensitiva chiama un altro prete, quello della sua chiesa, e gli spiega: "Don Mario, qui abbiamo bisogno del coro gospel. Un elicottero verrà a prendervi tutti in giornata; vi voglio tutti vestiti in tunica viola per cantare le preghiere qui ad Alcatraz".

Alle 2 del pomeriggio atterra l'elicottero ad Alcatraz. Parlano un po' con la sensitiva.

Dopo poco a cappella cantano le canzoni della chiesa e per finire l'Ave Maria.
Nel finale di Ave Maria il gruppo gospel alza le mani al cielo.

Scena

Telecamera in un elicottero e fa vedere il gruppo gospel e fa vedere che cantano con le mani alzate.

Musica dark music dusk.

La musica dura solo da quando esce dal carcere la piccola sensitiva; quando esce la famiglia Tomso, si innalza un coro gospel.

E in quel momento esce dal carcere la piccola signora sensitiva e grida: "Abbiamo vinto i fantasmi, sono andati oltre il tunnel!"

Esce la famiglia col prete e abbraccia il gruppo gospel.

Scene viste anche dall'elicottero.

fine alcatraz 2015

Il figlio segreto di Fantozzi

L'idea nasce dopo aver visto 50 volte Fantozzi.
Ho pensato: "Scrivo del figlio segreto di Fantozzi, sperando che qualcuno faccia altri film. Come gli anni '80.

Chi è il figlio segreto di Fantozzi?
Un ragazzotto che assomiglia a Fantozzi nei gesti e che ne farà di tutti i colori.
Alla fine scoprirà chi è suo padre.

Primo tempo Il figlio segreto di Fantozzi

Musica di testa Zucchero: Diamante.

Musica di coda Conte: Bartali.

La telecamera inquadra una casetta di campagna in periferia di Milano.
Si vede bene la strada provinciale con automobili che passano frequentemente.

Musica di Celentano: Il ragazzo della via Gluck.

Attorno alla casetta ci sono alberi, qualche vigna e c'è l'orto; un po' più in la c'è un recinto con delle galline.

Una vecchia signora sta prendendo le uova dal pollaio.

E sta cantando sotto voce una canzoncina: tre civette sul comò, che facevano l'amore con la figlia del dottore, il dottore si ammalò ambarabà ciccì coccò.

La vecchia signora è un po' bruttina e grassottella.

In casa, seduto con le gambe sopra il tavolino, c'è un uomo cicciotello alto circa un metro e settanta, con un fiasco di vino e un bicchiere con del vino.

È vestito con un paio di pantaloni marroni più larghi di 4 misure, con le bretelle e una maglia a maniche corte tutta attillata, praticamente 2 taglie più stretta, e con un basco alla Fantozzi in testa e un paio di scarponi tutti sporchi.
Guarda la televisione. Dopo 10 minuti di un programma di cucina, c'è la pubblicità con una bella ragazza in mutande e reggipetto.

Dalla televisione: "Vuoi farti una vacanza con una signorina così?"

L'uomo, sui 35 anni, si chiama Tommasino.

Tommasino incomincia a far le linguacce da libidinoso; dopo qualche minuto di libidine, abbraccia la televisione e dà baci e slinguazzate al monitor.

Il suo pensiero vola con la ragazza della pubblicità in un'isola dei Caraibi.
Tommasino immagina di correre sul bagnasciuga: corre, vuole toccare il culo della ragazza, e la ragazza corre sempre più forte di lui.
Lui corre, corre, corre... trova un buco nella sabbia e ci casca dentro.

Dopo poco si vede lui che scappa da 4 belle negrone da 100 kg l'una che gli corrono dietro.

In quel momento entra a casa sua mamma: "Cosa fai, Tommasino? Pensi sempre a quelle cose".

Tommasino si sveglia. Vede nel monitor della televisione una scimmia che fa reclame delle banane. Si stacca dalla televisione, come avesse visto un fantasma.

E a sua mamma dice: "Ma no, non è come credi! Prima c'era una nave da crociera".

Tommasino va fuori, prende la bicicletta e dice: "Mamma, vado al bar".

Tommasino corre in bicicletta e improvvisamente sogna. Si vede che corre con una bici da corsa, con la maglietta rosa e pantaloncini gialli, e tanta gente ai lati della strada che gli dice: "Pedala, pedala, corri che arrivi primo".

Tommasino arriva primo di tutti; si gira e vede un gruppetto di corridori che gli dicono: "Tommasino, corri che mancano 200 metri. Anche oggi vinci la tappa".

Tommasino corre, non vede la curva, va dritto sopra una vecchia quercia.

Musica di Lucio Dalla: Attenti al lupo.

Tommasino si trova in un letto dell'ospedale, tutto ingessato. Accanto a lui ci sono sua mamma e una amica che abita vicino a casa sua. Questa donna è veramente brutta e anche rotonda, praticamente cicciona.
La donna si chiama Palmira.

Palmira ha una scatola di pasticcini e mette in bocca a Tommasino un pasticcino dietro l'altro; poi apre il fiasco di vino rosso e gli dà da bere col fiasco.

Tommasino è tutto ingessato e Palmira tiene il fiasco mentre Tommasino beve.

Dopo aver mangiato un chilo di pasticcini e aver bevuto tutto il fiasco di vino, Tommasino fa una scoreggia che si sente fino a fuori. Sua mamma e Palmira, dallo spostamento d'aria e dalla puzza, sono diventate verdi e con i capelli crespi tutti dritti.

Tommasino esclama: "Orca che roba!" E si trova col gesso a pezzi e spalmato nei muri e sul soffitto della camera.

Arriva un dottore e gli dice: "Salute! Da quanto tempo non fa la cacca?"
Tommasino: "Eh, è un po'".
Il dottore va via, si tappa il naso con le dita e si fa aria con la mano destra.

Il dottore chiama un'infermiera: "Fa' un clisterone da 5 litri al numero 18".

L'infermiera, una ragazza giovane e bellissima, maggiorata in tutti i sensi: "Va bene".

L'infermiera si presenta in camice bianco molto sexy, con calze nere di rete e con in mano un clisterone fatto a pera alto 50 centimetri, e lo tiene come fosse un bambino.

L'infermiera: "Signor Tommasino, ce la fa a camminare?"

Tommasino si alza dal letto con 4 pezzi di gesso che sono restati attaccati al corpo e dice: "Ce la faccio, cos'è quella roba là? È per me?"
L'infermiera: "Non si preoccupi, non è niente".

Musica Donatella Rettore: Kobra.
L'infermiera va avanti e Tommasino la segue. Tommasino incomincia a sudare vedendo questo bel culo dell'infermiera, incomincia a fare le boccacce e a leccarsi i baffi, e pensa che è in campagna che corre per prenderla ma non ci riesce.

Arrivano lentamente nell'infermeria del reparto. L'infermiera: "Si deve distendere a pancia sotto, sopra questo letto".

Tommasino si mette sul letto e aspetta.

La bellissima infermiera va fuori la stanza; entrano un infermiere che sembra il macellaio del quartiere e una vecchia e brutta infermiera.
L'infermiere tiene per le braccia Tommasino, e l'infermiera gli mette il clisterone.

Tommasino urla dal dolore.

Passa una settimana e Tommasino è ingessato a casa, che parla con le galline.

Musica Jannacci: Vengo anch'io. No, tu no.

Passa un mese e Tommasino prende la bicicletta. "Mamma, vado in città, torno stasera".

Mamma: "Vai con la bicicletta? Sta' attento e non guardare le signorine, poi stai male".

Tommasino prende la bicicletta. Pedala e pedala, arriva in città.

Va in un bar e beve un caffè. Nel bar c'è uno specchio; si gira, guarda lo specchio, prende paura e gesticola con le braccia come fa Fantozzi.

Alla cassa c'è una bella mora con due tettone; Tommasino la guarda. Quando la cassiera alza gli occhi per guardare Tommasino, Tommasino abbassa lo sguardo.

La cassiera capisce che Tommasino è imbranato e lo prende un po' per il culo.
La cassiera: "Tu non sei di qui".

Tommasino: "Abito a 10 chilometri da qui".

La cassiera: "Mi guardi le tette, ti piacciono?"
Tommasino: "Non, ma non... Sì, non so, hai due belle tettone".

La cassiera: "Ti piacciono le mie tette, vuoi toccarle?"
Tommasino: "Ma... non so... Sì, ma non è pericoloso? Cosa dice tuo marito?"
La cassiera: "Mio marito ha le corna. Non entra da quella porta perché le ha troppo grandi".

La cassiera: "Dammi 20 euro e ti faccio toccare".
Tommasino: "Va bene, prendi 20 euro".

La cassiera prende i 20 euro e li mette in mezzo alle tette e gli dice: "Toccale, fa' presto, prima che venga mio marito".

Tommasino fa per toccarle le tette; le sfiora e la cassiera gli dice: "Basta, cosi hai toccato anche troppo".

Tommasino non sa che dire, va fuori dal bar gesticolando come Fantozzi e dice: "M'ha fregato 20 euro".

Musica di Donatella Rettore: Donatella.

Cammina un po' con la bicicletta, si ferma in un'agenzia di viaggi.

Tommasino guarda la vetrina, legge qualche annuncio e si sofferma sulla pubblicità dove c'è una foto gigante di un'isoletta in mezzo al mare e una bella bionda in bikini che corre.

Tommasino si vede in spiaggia bianca, che corre per prendere la bella bionda.

Tommasino corre corre ma non prende la bella bionda.

Passa un prete e gli dà un bel ceffone sulla nuca.
Il prete: "Tommasino, sveglia! Sempre che pensi alla mona! Dopo ti vengono le occhiaie".

Tommasino si gira, svegliato dalla sberla che ha preso, e dice: "Padre Antonio, non è come pensa lei! Mio cugino va in crociera e mi ha invitato".

Il prete: "Tommasino, vai a cagare! Cosa mi racconti le balle! Una domenica vieni in chiesa a trovarmi, che mi fai da chierichetto".

Tommasino: "Va bene, don Antonio, vengo la prossima settimana".

Tommasino prende la bicicletta e va a casa, e per la strada canta: "Chi ha mangiato l'insalata, chi si è sbaffato la frittata, chi si è fatto la spaghettata, chi si è papato la giardiniera è stato el prete ieri sera con un fiasco de quel bon anca el prete se un bon paron e un bel bueon".

Tommasino arriva a casa: "Ciao mamma, è pronta la pasta? Perché ho tanta fame! La prossima settimana vado in chiesa da don Antonio, ha bisogno di me".

Si vede Tommasino seduto in canottiera, con i soliti pantaloni e con le bretelle, e con una forchetta e un coltello per le mani guarda la televisione e aspetta la spaghettata.

"Mamma! Son pronti gli spaghetti?"

Musica della televisione.

Dopo una settimana Tommasino si presenta dal prete alle 10 del mattino.

Don Antonio: "Tiracaaa, come ea va?"

Tommasino: "Don Antonio, mi chiamo Tommasino non tiraca".

Don Antonio: "Tommasino o tiraca cosa cambia? Se vuoi andare in paradiso devi pregare. Vieni, in canonica ci sono il fiasco di vino e il salame, vieni Tiracaaa".

Tommasino: "Mi chiamo Tommasino".

Don Antonio: "Tiraca, ti ti se come el prete. Mi ti chiamo tiraca e tu chiami le donne che vengono a confessarsi e a pregare come vuoi tu. Adesso andemo a mangiare el bocon dea suora".

Tommasino: "Qual è il boccone della suora?"

Don Antonio: "El musettooo!"

Dopo aver mangiato e bevuto, don Antonio gli dice: "Vieni che ti vesto da aiuto prete".

Tommasino: "Vuoi dire da chierichetto".

Don Antonio: "Tu non sei un chierichetto, tu sei il mio aiuto. Quando le vecchie o le donne del paese vengono a confessarsi, tu le mandi a pregare e dici loro 'per i peccati che avete dite 15 ave Maria 15 pater nostro'. Io sono vecchio e ho bisogno del mio riposo nel pomeriggio, così la chiesa è tua".

Don Antonio mostra a Tommasino la tunica da chierichetto e gli dice: "Mettila e stai seduto in chiesa un po' qua e un po' là, controlla la gente. Io vado un po' a letto; quando torno vai a casa e vieni domani alle 10".

Musica canto gregoriano: Credo in unum Deum, Schola gregoriana Mediolanensis.
Tommasino si siede un po' vicino all'altare, poi va in mezzo alla chiesa, poi si siede vicino al confessionale. Una donna sui 50 anni va a confessarsi e chiama con una mano Tommasino.

Tommasino si siede dentro il confessale e dice: "Dimmi, bella maiala, cosa hai fatto?"

La donna si confessa e Tommasino le dice: "Perché sei stata tanto maiala, devi dire 100 Ave Maria".

Tommasino guarda fuori del confessionale e vede che c'è la coda di donne che vogliono confessarsi.

Arriva una donna sui 40 anni. Tommasino: "Porcona, quante ne fai di corna a tuo marito?"

La donna: "Mi piacciono gli uomini".

Tommasino: "Devi dire 30 Ave Maria. Devi dire quando sei fuori 'perdono, sono una porcona, mi piace il musetto' per 20 volte, sussurrando".

Vanno altre donne a confessarsi, e una dice a Tommasino: "Ho peccato, tradisco mio marito".

Tommasino: "20 Pater noster, e quando sei a casa 5 clisteri da litro per 5 giorni per penitenza".

La signora, dopo aver detto le preghiere per la strada, a voce bassa dice: "Perdono, sono una porcona, mi piace il musetto" per tutto il percorso fino a casa sua.

La signora, andando verso casa e dicendo la frase 'perdono, sono una porcona, mi piace il musetto' si trova una decina di uomini che fanno la fila sperando di essere scelti dalla signora.

La signora arriva alla porta di casa, si gira e vede tutti questi uomini che sono là che aspettano.

La signora domanda: "Cosa volete?"

Qualcuno le dice: "Sei la nostra porcona e noi siamo i tuoi porcellini".

La signora guarda verso il cielo e poi dice: "Va bene, entrate grazie, lassù".

Per tutta la settimana le donne della parrocchia si sono fatte tante preghiere e tanti clisteri pulitori di peccati.

fine primo tempo

Secondo tempo. Il figlio segreto di Fantozzi

Musica della televisione.

Tommasino, seduto in mezzo alla tavola con forchetta e coltello in mano, vuole imitare il grande Albertone, e davanti a una montagna di spaghetti dice: "E mo' adesso ve magno tutti, ho detto tutti!"

Incomincia a mangiare alla Sordi, e dopo tre forchettate assomiglia al grande Fantozzi.

Di fronte a lui c'è la televisione e stanno dicendo le notizie del telegiornale.

Dopo qualche minuto al telegiornale dicono che hanno trovato il corpo di una donna giovane vicino a un fossato, con dei capelli in mano, e la polizia presto troverà l'assassino.

In un angolo della cucina, seduta su una sedia, c'è sua madre che guarda Tommasino che mangia tutti quegli spaghetti.

La mamma domanda a Tommasino: "Cosa hai fatto oggi da don Antonio?
Tommasino: "Ho controllato la chiesa e ho confessato al posto di don Antonio una trentina di donne vecchie e le ho mandate tutte a pregare e a cagare".

E ride come un matto libidinoso.

La mamma: "Come hai confessato? Per confessare devi essere un prete!"

Tommasino: "Don Antonio mi ha detto 'se qualche donna vuole qualcosa, mandala a pregare. Io ero seduto vicino al confessionale, e una donna mi ha chiamato e mi ha confessato quanto maiala era, e io l'ho mandata a pregare e per punizione a cagare. E c'era la fila di donne di tutte le età che volevano pregare e per punizione cagare. Mi è venuta l'idea del clisterone che mi hanno fatto all'ospedale, che dolore!"

E Tommasino ride con la tipica risata di Fantozzi "haaa aaa haaa aaa!"

La mamma: "Bevi, hai il fiasco, bevi, bevi".

Musica della televisione che va.

Tommasino: "Mamma, chi è mio padre?"

La mamma: "Chi è tuo padre, ci devo pensare".

Tommasino: "Come ci devo pensare? Non lo sai?"

La mamma: "Quando ero giovane lavoravo tutto il giorno nell'orto, piantavo insalata, carote ed ero sempre a testa in giù; non potevo vedere chi veniva, venivano sempre di dietro e all'improvviso".

Tommasino: "Come lavoravi a testa in giù!"

La mamma: "Come pianti le carote e l'insalata? Devi essere curva a testa in giù, in questa posizione. L'orto è vicino alla strada, e chi passava approfittava".

Tommasino: "Non chiedevi aiuto?"

La mamma: "Ero sempre sola. La mamma era a casa, il papà di notte lavorava e di giorno dormiva con la mamma. Adesso ricordo chi può essere tuo padre, non l'ho visto bene".
Musica di Lucio Dalla: Attenti al lupo.

La mamma: "Un giorno stavo levando le carote, era un bel giorno d'estate, vedevo da lontano un uomo. Con una scarpa nascondeva il viso, e si nascondeva dietro l'albero. Io avevo una gonna corta a fiorellini e quest'uomo mi è saltato addosso, si muoveva come un orco. Penso che sia tuo padre perché anche tu ti muovi e fai le facce come lui".

Tommasino: "Sono curioso, voglio conoscere mio padre per dirgli che è un mostro. Guarda che brutto che sono! Se mi muovo come lui, dove trovo una donna? Devo fare come lui e mettermi la scarpa per avere una donna?"

La mamma: "Stai buono, non sei così brutto, sei anche simpatico, e poi c'è la Pia".

Tommasino: "La pia è una balena; ogni volta che la vedo mi viene da scoreggiare".

Musica di Modugno: 'O sole mio.

Tommasino per tutta la settimana va da don Antonio.

Una mattina don Antonio: "Tiraca, ho comprato la pittura. Qui c'è la scala: devi pitturare qualche stanza dell'appartamento dove vivo, vieni che ti faccio vedere".

I due vanno in appartamento e don Antonio gli dice: "Oggi pittura la camera. Quando hai finito, alle ore 13, vieni in canonica che mangiamo".

Tommasino accende la radio. Musica della radio.

Tommasino si cambia con degli stracci dati da don Antonio. Si guarda allo specchio, si fa le boccacce, canticchia e incomincia a pitturare.

Tommasino, dopo un'ora che pittura e canticchia, scende dalla scala e va con un piede dentro il vaso della pittura. Comincia a dire parolacce, pulisce per terra, prende il vaso della pittura e lo mette sopra l'armadio.

Pittura il soffitto. Dopo un po' la scaletta si rompe. Tommasino va addosso all'armadio e il vaso della pittura che era sopra l'armadio gli cade in testa. A quel punto urla: "Bastaaa!"

Tommasino si cambia, prende la bicicletta e, tutto arrabbiato, va verso casa.

Tommasino: "Meglio stare a casa con le galline. Io non ho mai lavorato e non voglio lavorare adesso".

Tommasino pedala, pedala e si ferma a un semaforo. Un furgoncino cerca di frenare, prende Tommasino e lo fa volare per 10 metri; la bicicletta va sopra un lampione e lui sopra un camion.

Dopo 20 km il camion scarica in una discarica i rifiuti e anche Tommasino.

Musica di Elio e le Storie Tese: La canzone mononota.

Tommasino si sveglia con un bernoccolo enorme sulla testa: "Ahi, ahi, ahi, che mal di testa! Dove sono?"

Si dà una pulitina e si mette in strada a fare l'autostop.

Sono le ore 2 del pomeriggio.

Nessuna macchina si ferma.

Un furgoncino con un vecchio si ferma, e l'uomo che è alla guida: "Ti do un passaggio se mi dai una mano a portare un pianoforte al terzo piano".

Tommaso: "No, no, non è un lavoro per me. Non l'ho mai fatto, troppo difficile".

Il vecchio: "Guarda che non serve andare all'università! Ci vuole un po' di forza. Abbiamo le corde, c'è l'argano: in 15 minuti il pianoforte è in salotto al terzo piano. Poi mangiamo e beviamo e ti porto a casa".

Tommasino: "Ah, allora va bene, non si fa fatica, ci sto. Monto?"

Il vecchio: "Monta".

I due ascoltano la musica della radio e cantano 'se sei bello ti tirano le pietre, se sei brutto ti tirano le pietre, qualunque cosa fai ti tirano le pietre'.

E la radio canta la canzone di Antoine: Pietre.

Arrivano nella casa del vecchio, scendono dal furgoncino.

Tommasino: "Siamo arrivati?"
Il vecchio: "Sì, siamo arrivati".

Il vecchio: "Io vado su, preparo l'argano in terrazza; tu leghi bene la corda attorno al pianoforte. Fagli fare 3 giri di corda e 3 bei nodi alla marinara. Quando sei pronto lo tiriamo su".

Dopo 10 minuti, Tommasino: "Tiralo su".

Il pianoforte piano piano si muove, e Tommasino lo accompagna verso l'alto.

Il vecchio: "Hai visto che facile?"

Il pianoforte è arrivato al terzo piano, sospeso nell'aria. Improvvisamente l'ingranaggio non tiene il peso, e il piano forte cade giù. Una zampa del pianoforte va sul dito grosso del piede destro di Tommasino.
Tommasino fa un urlo e correndo va verso casa.

Il pianoforte si ferma a un centimetro da terra e non si fa niente.

Musica di Elio e le Storie Tese: Bunga Bunga.

Tommasino, dopo 10 minuti di corsa, arriva a casa e mette il piede dentro il contenitore dell'acqua delle galline. L'acqua bolle, si leva la scarpa. Il dito grosso è tutto nero e sembra una salciccia da quanto è grosso.

Sua mamma: "Cosa ti è successo?"
Tommasino: "Ho sempre detto che lavorare fa male".

Un mese dopo, la macchina dei carabinieri si ferma a casa di Tommasino.

Un carabiniere: "Buongiorno, abitano qui la signora Pia e suo figlio Tommasino?"

La mamma: "Sì, siamo noi. Tommasino ha fatto qualche cosa brutta?"

Carabiniere: "Eh, non lo sappiamo, siamo qui per il vostro DNA. Dobbiamo fare un prelievo a tutti i componenti della famiglia".

La mamma: "Perché?"

Carabiniere: "Qualche mese fa hanno ammazzato una giovane, così facciamo il dna a tutti. Fatto il prelievo, ci sentiamo. Buongiorno".

Mamma e Tommasino: "Buongicrno".

In questi giorni Tommasino sta a casa, lavora un po' l'orto e parla con le galline.

Rumori della campagna: galline, rane, grilli, uccellini.

Tommasino con una gallina in braccio: "Bianchina, mi hai fatto l'ovetto?"
La gallina: "Coco coco de" e gli fa una merdina in mano.

Tommasino: "Vaffanculo, gallinaccia! Ti tiro il collo, così non mi manchi di rispetto!"

Un mattino Tommasino sta prendendo il sole nel pollaio. La Bianchina dal tetto del pollaio, un piccolo casetto di legno, gli spara un uovo e lo prende giusto in testa.

Tommasino: "Che succede, cosa c'è?"

In quel momento arrivano i carabinieri.

Tommasino, tutto sporco di giallo in testa, saluta i carabinieri.

Arriva anche sua mamma e domanda: "Cos'ha fatto Tommasino? Me lo portate in galera? Cosa hai fatto, Tommasino? Lo sapevo io che eri come tuo padre!"

Un carabiniere vuol parlare: "Signora, non si preoccupi, suo figlio
Tommasino non ha fatto nulla. Il DNA dice che suo figlio è il figlio
del grande ragioniere Fantozzi".

La mamma: "E chi è questo grande ragioniere Fantozzi?"
Il carabiniere: "È famoso, ha fatto tanti film, lo conoscono anche
all'estero. Signora, vada al cinema".

Tommasino: "Mio papa è famoso ed è brutto come me?"

Il carabiniere: "Più o meno siete là".

Per tutta la settimana giornalisti di tutti i giornali e televisioni
sono stati in questa casa per intervistare mamma e figlio.

Una giornalista a casa della mamma di Tommasino fa l'intervista:
"Signora Pia, come ha conosciuto Fantozzi?"
La signora Pia: "Mi portava tutti i giorni i fiori. Dopo tanti mesi è
nato un flirt. Due minuti come un coniglio; dopo 9 mesi è nato
lui, il più bel bambino del mondo per me".

Tommasino: "Voglio conoscere mio papà Fantozzi".

Un giornalista: "Vuoi conoscere tuo papà? Vuoi essere ospite della
televisione così potrai conoscere il grande Fantozzi?"

Un mese dopo Tommasino viene invitato in un programma
televisivo, così gli faranno conoscere il ragioniere Fantozzi.

Tommasino e sua mamma entrano nei studi della televisione locale.

La mamma di Tommasino: "Tommasino, fai l'uomo educato. Devi
dire buona sera a tutti".

Tommasino e mamma vengono accompagnati dal direttore.
Una segretaria: "Direttore, ecco la signora e Tommasino, figlio di
Fantozzi".

Il direttore: "Venga signora, venga Fantocci, sedetevi".

Tommasino: "Mi chiamo Tommasino e non Fantocci".

Il direttore: "Fantozzi, Fantocci, Fantossi, che differenza fa? Cosa cambia, le cambierà la vita?"
Tommasino: "Mah, forse".

Musica di Elio e le Storie Tese: Dannati forever.

Una nota conduttrice di programma televisivo: "Buongiorno, adesso qualcuno vi truccherà. Faremo un programma sulla vita del ragionier Fantozzi, faremo vedere dei pezzi di film, così tu potrai conoscere meglio tuo padre e lei l'uomo di un solo momento".
Dopo essere stati truccati, si siedono in uno studio con altri ospiti e la conduttrice.
Fanno vedere degli spezzoni dei film, le scene dove Fantozzi fa ridere e dove si vedono la figlia e la moglie.

Alla fine delle riprese c'è un dibattito.

Dopo 20 minuti di chiacchiere, Tommasino ha la parola.

Tommasino: "E io sono figlio di questo bruttone qua? Mamma, cosa hai fatto? Assomiglio tutto a lui: come mi muovo, come rido, quando mi guardo allo specchio, e quella è mia sorella, una scimmia. Siamo da circo".

Tommasino si alza dalla poltrona e chiama sua mamma: "Andiamo in campagna con le galline".

fine del film

5 06 2013

Le valli dell'orco

Una sera guardando con il bambino di mia moglie un cartone animato dell' orco buono ho scritto questo racconto che può diventare anche un film.

Una famiglia italiana con bambini piccoli sugli Appennini con un caravan si ferma per la notte.
Da quel momento nascono i guai.

Primo tempo Le valli dell'orco

Musica di testa di Vasco Rossi: Bollicine.

Musica di coda di Vasco Rossi: Vita spericolata.

Una giovane famiglia: padre Giacomo, madre Anna, figlio di 10 anni Giuseppe, figlia di anni 13 Marina e un bambino di 2 anni Entoni.
Sono con un camper e vanno verso gli Appennini.

Giacomo guida il camper e canta una canzone della radio accesa.
Giacomo canta: "Hanno ucciso l'uomo ragno, chi sia stato non si sa".
Sua moglie Anna: "La sai tutta?"
Giacomo: "La canto male?"
Anna: "Sei stonato e svegli il bambino".
Marina: "A me piace come canta papà".
Giuseppe: "Quando canta il papà piove. Vuoi vedere che dopo piove?"

Giacomo: "Impossibile, c'è un sole che spacca le pietre".
Il camper va. Tutti cantano 'Azzurro' di Celentano con la radio accesa.
Corrono in una strada in salita, corrono per chilometri e chilometri.
Arriva sera. Giacomo trova uno spiazzo, si ferma e dice: "Questa notte la passiamo qua".

Rumori della natura: uccelli, rane, gufi.

Escono dal camper, un vecchio ma comodo camper.
Giacomo esce e si sgranchisce le gambe; alza le braccia al cielo e dice: "Che bel posto, che aria sana! Vieni, Anna".
Anna: "Arrivo! Che bel posto e che profumo di verde!"
Marina la figlia: "Non mi piace. Questi posti mi fanno paura, senti quell'uccellaccio!"
Giuseppe: "Tu hai sempre paura anche delle mosche".
Giacomo: "State qui vicino, è scuro e pericoloso. Io prendo un po' di legna. Dopo facciamo un fuocherello".
Giacomo vede un sentiero che va nel bosco; lo prende.
Dentro il camper la mamma prepara da mangiare al piccolo Entoni di 2 anni.
Anna, col bambino in braccio: "Entoni, hai fame? È pronta la pappa. Senti che buona è la pappa! Mangia, amm amm, che buona la pappa".
La mamma gioca col bambino di 2 anni.
Marina e Giuseppe stanno giocando a scacchi. Finita la partita, Marina guarda dal finestrino del camper e dice: "Mamma, è scuro. Dov'è il papà?"
La mamma guarda fuori, guarda l'orologio. Sono le 10 di sera e dice: "Ma dov'è il papà? Fuori è notte, il papà non è qui con noi".
Tutti e tre si abbracciano e i bambini piangono: "Papà, papà, papà!" gridano.
In quel momento la mamma esce dal camper e con una pila chiama: "Giacomo, Giacomo, Giacomo!"

Dopo pochi passi la pila si spegne.

Si sentono solo i versi dei grilli e delle rane; ogni tanto un gufo si fa sentire.

Stanno fuori per un'ora. Ogni tanto chiamano: "Giacomo, Giacomo Giacomo!"
La mamma: "È tardi. Il papà si può essere perso con il buio. Andiamo dentro. Mangiamo nel camper. Domani mattina ci alziamo presto e andiamo in cerca".
Marina cerca il cellulare e compone il numero di soccorso. Dopo poco dice: "Non c'è campo, cosa facciamo? Ho detto non mi piace il posto, preferisco il mare".
La mamma prova col suo cellulare e dice: "Non c'è campo. Cosa si fa?"
Giuseppe prende il tablet, prova e riprova a smanettare e manda qualche e-mail.
La mamma: "Stiamo calmi, non pensiamo al peggio. Dormiamo e domani arriverà".

Passa la notte. Si sentono dei lupi ululare per tutta la notte.
Al mattino presto, verso le 5 tutti, sono svegli. Giuseppe: "Mamma, tu stai qui con Entoni. Io e Marina andiamo in cerca, tra un'ora saremo di ritorno".
Marina: "Perché il cellulare non funziona?"
Mamma: "Abbiamo provato ieri sera, ma in queste zone non funziona".
Giuseppe: "Capisci che quando si va in vacanza in montagna bisogna essere attrezzati e non come il papà che non capisce niente?"
Il tempo di lavarsi il viso e mangiare un biscotto, Marina e Giuseppe vestiti in blue jeans e scarpe da roccia prendono lo stesso sentiero preso dal papà.
Camminano per un sentiero molto ripido tra cespugli e prati.

I bambini si fanno sentire urlando per tutto il tempo: "Papà, papà, papà, papà!"

La mamma in camper sente i bambini per un po', poi solo rumore di una cascata lì vicino e il rumore del bosco.

Passano le ore. La mamma è in pensiero per i bambini.

Lascia un biglietto sul tavolo dentro il camper, con scritto "Vado a piedi per la strada, su per la montagna in cerca di aiuto".

Lascia sopra il tavolo anche la mappa con un cerchio fatto con la biro, per far capire che strada ha fatto.

La mamma, col bambino in braccio, cammina verso la montagna.

La mamma dopo un'ora, verso le otto del mattino, arriva in un posto che solo in Italia puoi trovare.

Legge un cartello attaccato a un albero "Borgo 3 case".

Si guarda attorno e non vede nessuno, solo 3 case di montagna fatte di pietra e legno.

Si guarda intorno e incomincia ad urlare: "Aiuto, aiuto, aiuto! Qualcuno mi aiuti!"

Dalla stalla di una di queste 3 casette esce una vecchietta magra e piccola, vestita di nero e con un capello in testa.

La vecchietta domanda con accento montanaro: "Che c'è? Cosa è successo?"

La mamma: "Mi aiuti, abbiamo perso mio marito, e i miei due figli sono qui nei boschi in cerca".

La vecchietta: "Siediti, sei stanca. Ti porto un po' di latte della mia mucca".

Si siedono nella stalla e bevono tutte e due del latte.

Il bambino dorme tra le braccia della mamma.

La vecchietta: "Raccontami cosa ti è successo".

La mamma Anna racconta quello che le è successo.

La vecchietta: "Qui, se non sei di queste parti, è pericoloso. Tuo marito al buio avrà messo un piede sbagliato e potrebbe essere caduto dentro delle caverne che abbiamo da queste parti".

La mamma: "Ma qui con chi vivi?"

La vecchietta: "Da sola. I miei figli sono tutti in America; sono ricchissimi, ma io sto bene qui. Mio marito è morto un anno fa. I miei figli vengono a trovarmi tutte le estati e mi portano un sacco di cose che a me non servono".

La mamma: "Ma se sei sola come puoi aiutarmi?"

La vecchietta: "Adesso tu vai nel camper, aspetti il ritorno dei tuoi figli e poi venite qua col camper. Se non sai guidare il camper, venite a piedi con una maglia di tuo marito. Qui abbiamo i cani, troveranno loro tuo marito".

Nel silenzio della montagna, la mamma torna al camper.

La vecchietta cammina per un sentiero di un prato. Dopo 15 minuti chiama Romolo e Rosario da una piccola baita circondata da galline, gatti, cani, capre, mucche e porci. Escono e non si fanno vedere, sono due mostri.

La vecchietta: "Non preoccupatevi, sono io".

I due uomini col volto coperto da una scarpa escono allo scoperto e dicono: "Maria, che c'è?"

La vecchia racconta ai due fratelli cosa è successo e chiede loro di aiutare questa famiglia a trovare il marito di Anna con i cani da caccia.

I due fratelli liberano tutti i cani, circa una decina, e parlano loro come fossero dei bambini: "Andate per i boschi in cerca di un uomo, e poi venite qui".

Fine primo tempo

Secondo tempo. LE VALLI DELL'ORCO

I cani incominciano a correre per i boschi, abbaiano dopo un po'. Non si
sente nulla, solo il rumore degli animali della fattoria.
La telecamera riprende le galline che beccano qualche seme per terra.
Le oche e le anitre sono sotto un vecchio e grande albero. Dietro la baita c'è il porcile con dei maiali; nel sottobosco ci sono delle capre con delle
mucche e dei cinghiali. C'è un cinguettio di uccellini, sembra il paradiso.
La vecchia va a casa.
I due fratelli preparano delle corde, prendono una ronca, un machete e altre cose che mettono dentro uno zaino da montagna.

La mamma col bambino in braccio sta per arrivare nel camper.
I bambini sono sulla via di ritorno senza buone notizie.
Nel silenzio del bosco di montagna si sente una macchina che arriva, una macchina vecchiotta dal rumore del motore.

Una macchina con tre uomini e una donna si muove verso il camper.
Uno dei tre uomini: "Quel camper potrebbe servirci, facciamo un controllo un po' più avanti, anzi: voi due scendete, vi nascondete tra i cespugli e quando arriviamo mi dite com'è la situazione. Noi due andiamo più su per vedere cosa c'è più avanti".
La mamma, sentendo una macchina, esce dal camper per chiedere aiuto, ma la macchina è già passata.
Arrivano anche Marina e il fratellino Giuseppe.
"Mamma, mamma, mamma!"
La mamma: "Allora, raccontatemi".
I due bambini parlano per 10 minuti.

Marina: "Abbiamo fatto chilometri, abbiamo chiamato papà, papà" e la bambina si mette a piangere.
Giuseppe: "Qui vicino c'è un torrente, siamo stati anche là".
La mamma: "Io sono andata su per questa strada e ho trovato una nonnina, e lei ha detto che ci aiuterà. Aspettiamo un'altra ora; alle ore 13 andiamo a piedi dalla nonnina".

Dai cespugli escono due uomini che vanno verso il camper.
Un bandito: "Hey, avete bisogno di aiuto?"
La mamma: "Sì, grazie. Mio marito si è perso ieri sera, deve essere ferito da qualche parte del bosco".
L'altro bandito: "In quanti siete?"
Il bambino: "Siamo in quattro. Vi prego, aiutateci".

Nel borgo 3 case l'altra coppia di banditi parla con la vecchia e le fanno molte domande.
La macchina è aperta, con la radio che va. C'è un po' di musica.
Appena fuori dalla stalla ci sono seduti la coppia di banditi e la vecchietta; parlano, bevono vino e mangiano formaggio e salame col pane.

La ragazza alla vecchietta: "Nonna, come te la passi qui? Sei sola? Dove sono i tuoi figli?"
La vecchietta: "I miei figli sono tutti in America, sono tutti ricchissimi".
L'uomo: "Come sono tutti ricchissimi? Sono tutti pieni di soldi? Allora sei piena di soldi!"
La ragazza: "Chi vive qui con te?"
La vecchietta: "Qui vivo sola con i miei due cani, le galline, i conigli e tre gatti".
La ragazza: "Ma non hai paura di stare sola qui?"
La vecchietta: "Non ho paura, qui ci sono i fantasmi che mi fanno compagnia".
L'uomo: "Ti salutiamo, ciao vecchia".

Prendono la macchina e tornano indietro cantando una canzone della radio.

Arrivano al camper, vedono i loro amici che parlano con la donna e i due bambini.

Il capo dei banditi si fa spiegare qual è il problema.

Il capo dei banditi a un socio: "Tu guida il furgone e seguici".

Con la macchina fanno da battistrada e vanno dalla vecchia; in macchina parlano di cosa fare di loro.

In macchina il capo dei banditi: "Arriviamo in casa dalla vecchia, mangiamo, ci ubriachiamo, prendiamo il camper e prendiamo i loro soldi. La vecchia deve avere molto oro nascosto; i suoi figli sono in America e sono ricchissimi. Poi andiamo via".

Musica della radio.

Arrivano a Borgo 3 case e suonano il clacson come fossero di famiglia.

I banditi salutano la vecchia: "Ciao vecchia, abbiamo fame".

La mamma e i due figli: "Buongiorno signora, buongiorno".

Il capo dei banditi e i suoi complici prendono il tavolo e le sedie e si siedono fuori sotto un grosso albero.

I due cani della vecchietta incominciano ad innervosirsi, girano attorno ai banditi ringhiando. La vecchia, con una parola, manda a cuccia i cani.

La vecchia porta dentro casa la mamma con i tre bambini e dice loro: "Non abbiate paura, sono solo un po' brilli. Dopo vi porto qualcosa da mangiare".

Uno dei banditi: "Vecchia, portaci vino, formaggio e pane. Portaci da mangiare, faremo le ferie qui e a gratis".

La vecchia porta tutto quello che ha in tavola; poi va in casa e porta qualcosa alla mamma e ai figli dicendo loro di non avere paura.

Nei cespugli vicino al camper ci sono i due fratelli orchi con dei cani; stanno osservando tutta la scena.

Uno degli orchi dice a un piccolo cane bastardino: "Entra dentro il finestrino del camper e trova una maglia grande, sperando che sia quella del marito di Anna".
Il cane dopo due secondi arriva con un maglione.
Uno degli orchi mette il maglione vicino al naso dei cani e vanno via nel bosco.
I due orchi parlano tra loro inseguendo i cani: "Quei quattro vogliono fare del male alla zia. Dopo torniamo subito qui".

Scena

I due orchi con il viso coperto scendono la montagna con tanti cani; dopo 30 minuti trovano una cavità nella roccia.
I cani incominciano ad abbaiare; arrivano i due orchi e sentono "Aiuto, aiuto!"
Uno dei due orchi, con una vociona, chiede come sta e se ha qualche osso rotto.
L'uomo: "Mi sono rotto una gamba, ho perso un po' di sangue".
Uno dei due orchi: "Ti buttiamo una corda, devi legartela al torace molto bene".
Dopo 20 minuti lo tirano fuori dalla fessura della roccia; ha solo un taglio su una coscia, una slogatura e dei graffi sulle braccia.
Uno dei due orchi decide di prenderlo in spalla. Dopo mezzora è su un letto nella loro baita.
Lo curano, gli danno qualcosa da mangiare e gli dicono di non temere: andranno in cerca di aiuto, lì vicino c'è la zia, la famiglia e i suoi figli stanno bene.
I due orchi con i cani sono tra i cespugli della casa della vecchia zia.
I due orchi osservano.

Dentro la casa sono tutti seduti: ci sono i bambini, la mamma e la vecchia. I quattro banditi urlano: "Dateci i soldi!" e alla vecchia

"Dacci l'oro che hai nascosto, quello che i tuoi figli ti regalano quando vengono qui!"

Fuori è scuro. La macchina dei banditi è con le porte aperte, e la musica al massimo si sente fino a valle.

I due orchi aspettano dietro i cespugli e guardano.

La vecchietta: "Non ho soldi e non ho oro. Il mio oro sono i miei figli, e tra qualche giorno dovrebbero venire".

Uno dei banditi prende la madre col piccolo in braccio che urla, e la porta al piano superiore.

La donna dice alla vecchia: "Dacci l'oro o l'altra col bambino la ammazziamo!"

Un bandito: "Io esco, non voglio vedere sangue".

Una volta uscito, prende una bastonata in testa. I due orchi legano bene l'uomo e mandano dentro la casa un cagnolino bastardo per far capire alla vecchia che sono arrivati.

La vecchia, visto il cagnolino, furba dice: "Sotto un albero qui fuori ho nascosto l'oro. Vi prego, non fate male alla mamma e al suo bambino".

Il capo banda chiama: "Hey, scendi. Lascia la donna sopra". Ai bambini: "Andate a piangere da vostra madre".

I tre banditi uscendo chiedono: "Dov'è l'albero?"

Escono tutti assieme. Vengono presi di sorpresa dai 2 orchi e prendono un sacco di bastonate. La ragazza finge di essere svenuta, legano i due banditi e lei scappa.

La ragazza fa pochi metri al buio ed è circondata dai cani.

I due orchi prendono i banditi legati e li portano per il sentiero.

C'è solo la luna piena, sarà mezzanotte, i cani incominciano a ululare.

Quando arrivano alla baita, legano con una catena al collo i quattro banditi e li buttano dietro la baita, nel porcile con i porci.

Al mattino si assicurano che i banditi siano bene incatenati e in mezzo alla merda di maiale.

La famiglia ringrazia la vecchietta e partono col camper.

Qualche giorno dopo dietro la baita si vedono i quattro banditi assieme ai porci, tutti sporchi. Lì vicino un orco, col viso un po'

coperto con un cappello, spacca la legna con l'accetta. Fa caldo e l'orco si leva la maglia e resta a petto nudo, con i bei muscoli in vista.
Lì vicino suo fratello con due grossi coltelli.
La ragazza: "Adesso ci mangiano".

Dopo un mese arrivano due grossi fuoristrada nel Borgo 3 case.
Scendono sei uomini grandi e grossi.
Il più vecchio dice: "Mamma, mamma!"
I più giovani, tutti sui 30 anni: "Ciao nonna, ciao nonna".
Si abbracciano.
Un'ora dopo si vestono da militari, tutti con un fucile in mano tranne il padre.
Vanno alla baita, salutano i due orchi: "Ciao zio, ciao cugini, un abbraccio".
Dopo qualche minuto vanno dietro la baita. Vedono i quattro banditi tutti sporchi di merda.

Musica di Zucchero: Diamante.

Il vecchio: "Lasciateli correre per i boschi: tra 20 minuti è aperta la caccia".
Si vedono correre per il prato e sparire nel bosco i quattro banditi sporchi di merda.
Cinque o sei colpi di fucile nell'aria.
Tutti si fanno una risata e fanno un brindisi col bicchiere in mano.

Fine del film Le valli dell'orco

Matterazzo Claudio

02 06 2013

Le prigioni del passato

20 05 2013

Qui c'è solo la mia fantasia che, essendo molto sviluppata, solo vedendo un tramonto crea un film.

Degli amici con dei suv attraversano tutta l'America con varie scene molto belle, e dopo giorni di viaggio arrivano a destinazione.
Vestiti tutti da militari, avranno delle belle sorprese.

Primo tempo. Prigioni del passato

Musica di testa dei Creedence Clearwater Revival: Susie Q.

Musica di coda dei Creedence Clearwater Revival: Born on the Bayou.

Un pomeriggio molto caldo, in una superstrada nel Texas, quattro gipponi americani corrono e tutti i componenti, circa una quindicina, cantano al tempo della musica della radio.

Musica dei Deep Purple: Hard Lovin' Man.

Scene dall'elicottero: si vede bene dall'alto che corrono i quattro gipponi in fila, senza creare problemi.
Altre scene: si vedono i quattro gipponi correre nelle strade desertiche, da tutte le posizioni, da vicini e da lontano.

In gippone qualcuno è con una birra, beve e parla.
Dopo ore di guida si fermano in un grande saloon food bear.
Posteggiate ci sono anche una trentina di Harley-Davidson.
Fuori dal saloon si sente la musica della Nitty Gritty Dirt Band;
dentro il saloon c'è un gruppo che canta e son tutti vestiti da
cowboys.
Entrano, salutano tutti, si siedono e ordinano da bere e da
mangiare.
Parlano tra di loro ridono.
Alcuni rider delle moto stanno facendo braccio di ferro.
Dopo 10 minuti si stanno sfidando tutti contro tutti
amichevolmente.
Dopo un'ora tutti partono per la stessa direzione; moto, gipponi,
tutti si salutano amichevolmente.

Musica della radio: Everybody's Talkin, cantata da Henry Nilsson.

Telecamera dall'elicottero visto da dietro da 70 metri.

Scena

Due file di moto, tutte correttamente in linea, corrono tranquille.
I gipponi sono già lontano.
Arriva la notte.
I quattro gipponi si fermano in un campo vicino a un fiume.
Tirano fuori i sacchi a pelo, fanno un fuoco, bevono un po',
parlano e dormono.
Al mattino, verso le 5 sono, tutti si lavano e giocano nell'acqua del
fiume.

Partono. Musica della radio Creedence Clearwater Revival: Proud
Mary.

Scene dei gipponi in corsa visti dall'elicottero e da terra, da tutti i lati.

Alla loro sinistra nella prateria c'è una corsa di un centinaio di cavalli selvatici; il capo branco è un cavallo tutto nero.

Guardate che bellezza vedere questi cavalli correre.

Alla radio suonano i Creedence Clearwater Revival: I Put a Spell on You.

Corrono, passano le ore. All'ora di pranzo si fermano in un altro tipico bar-ristorante americano.
Entrano e mettono un po' di musica nel jukebox: Venus dei Shocking Blue.
Si siedono, mangiano e parlano.
Dopo un'ora partono i quattro gipponi, dritti nella superstrada sul deserto.
La strada sembra una stecca da biliardo da quanto è dritta e sempre più deserta; passa una macchina ogni ora.
Sorpassano una colonna di camion americani, si salutano come fossero vecchi amici.

Passano le ore. Dalla radio si sente solo la musica rock di Joe Cocker: With a Little Help from My Friends.

Nessuno ha voglia di parlare, fa molto caldo.
Improvvisamente arrivano a un ponte di ferro; un cartello indica dopo il ponte "Stato della Louisiana".

Musica dalla radio Joe Cocker: You Can Leave Your Hat On.

C'è un camion che ha sfondato tutto ed è con le ruote sospese nell'aria.
Si fermano e con delle corde trainano il camion in carreggiata.

Parlano un po' col camionista, bevono una birra e riprendono il viaggio.

Prima di partire domandano al camionista se c'è un paesino non molto lontano.

Dopo 50 chilometri trovano un paese di poche case; entrano nel paese.

Fuori dal bar-ristorante c'è un'orchestrina che suona.

Uno suona il banjo, uno la chitarra, uno il contrabbasso e uno una piccola batteria. Suonano tutta musica basata sul banjo, tipica americana.

Musica dei Tex Roses: Dueling Banjos.

I ragazzi scendono dai gipponi e col pollice in su salutano il gruppetto che suona.

Dopo mangiato, parlano e ballano con delle ragazze del posto. Sul palco delle ragazze ballano la lap dance e fanno lo spogliarello.

Dopo aver ballato, qualcuno se ne porta a letto qualcuna.

Alle due di notte tutti dormono nel motel del ristorante.

Al mattino, prima di partire, parlano con la gente del paese.

"Hey, scusi, dobbiamo andare in una zona dove 50 anni fa c'erano le carceri più dure dello Stato".

"È facilissimo: fatte 20 miglia, alla vostra sinistra c'è un cartello con scritto "prisons". Andate per quella strada, troverete una foresta con la palude; quella è tutta una zona maledetta".

"Perché maledetta?"

"Perché morirono molti carcerati picchiati, mangiati dai caimani, dai pesci, e morirono anche tante guardie carcerarie, anche di pazzia".

I quattro gipponi partono; sono le 8 del mattino.

Musica della radio: American woman dei The Guess Who.

Arrivano al bivio.

"Andiamo di qua, siamo sulla giusta strada".
30 minuti dopo arrivano e trovano un vecchio paese del far west.
Un cartello con scritto "Hat city".
Scendono dai gipponi.

Musica: un la bello lungo fatto con l'armonica a bocca.

Sono tutti in strada, guardano le case di legno che stanno per cadere. Nessuno parla, si sente solo un po' di vento, e qualche ramo rotola per la strada della piccola città deserta.
Uno del gruppo: "Fa paura questo posto; qua conviene vestirsi in tuta mimetica e prendere le armi".
Tutti si vestono da soldati, si fanno i segni neri sul viso e sulle braccia.
Improvvisamente un serpente a sonagli attraversa la strada della piazza e con i campanelli crea il panico.
Tutti si girano e incominciano a sparare; del serpente non resta nulla.
Nell'aria si sentono bisbigli. Il sole è alto; al centro della strada qualcuno con il sole in faccia vede le ombre dei cowboys a cavallo che vengono incontro. Dal panico spara uno e sparano tutti.
Dopo una gran sparatoria e un polverone fatto dal fumo dei fucili, uno dice: "Non c'è nessuno, era un'illusione". Uno si gira e spara in un sottoportico.
Spacca il palo che tiene la terrazza, crolla mezza casa di legno marcio.
In due sparano sopra i tetti, uno a destra e l'altro a sinistra.
"L'ho visto, stava per sparare".
"Io sono sicuro che l'ho preso".
"Pagliacciate, avete visto i fantasmi".
"Andiamo verso l'esterno del paese, cerchiamo le vecchie prigioni".

Musica tetra. Emerson, Lake & Palmer: Pirates.

Si avviano verso il verde della foresta, seguono un sentiero e fermano i gipponi.
Camminano con i fucili in mano, sempre pronti a sparare.
Arrivano e davanti a loro c'è una rete metallica tutta arrugginita.
Dopo la rete metallica ci sono delle baracche di legno tutte marce e quasi tutte distrutte.
Uno raccoglie un cartello di latta, c'è scritto:"da queste prigioni nessuno è mai scappato. Benvenuti nelle prigioni della Louisiana del Sud America.

Fine primo tempo

Secondo tempo PRIGIONI DEL PASSATO

Con le armi spianate entrano in una baracca.
Uno: "Qui è pericoloso, è tutto marcio. Il tetto è caduto, facciamo attenzione".
Escono da questa baracca ed entrano in un'altra
Un altro: "Questa baracca sembra un po' migliore".
Finito il discorso, cade una trave. Una trave con un chiodo di 20 centimetri prende sulla spalla uno di loro; questo spara e ferisce uno che è davanti a lui.
Tutti soccorrono i due feriti e li portano in una casetta lì vicino.
Questa casetta era per il direttore, questa è più comoda: ci sono ancora le brande, uno apre un armadio e trova molte coperte.
In due tengono quello che ha il chiodo nella schiena, glielo levano e gli fanno una puntura contro l'infezione.
All'altro ferito a un femore levano il proiettile col coltello. Lo tengono in tre; questo urla dal dolore e si sente per chilometri.
Il capo decide che questo è il posto ideale per fare la base.
"Qui mi sembra che vada bene per la notte, questa notte ci riposiamo.
Domani andremo a caccia".

Uno: "Perché siamo qui?"
"Perché qui è morto mio nonno. Era un bandito, qui era carcerato. E mio padre prima di morire mi ha detto che aveva una mappa nascosta. Se la troviamo ci sono dollari, lingotti d'oro e diamanti per tutti".

Musica dei Black Sabbath: Electric Funeral.

"Ci accampiamo qui. Preparate la cena, noi tre andiamo a caccia".

In tre, quattro persone preparano la cena a base di scatolette.
Gli altri puliscono le armi.

E in quattro vanno a caccia.

Scena
In quattro, con i fucili, si muovono per la campagna paludosa.
Uno spara a dei conigli selvatici. Due di loro si allontanano e dopo un'ora si sono persi. Sta per calare il sole.
Arriva il buio. Due del comando arrivano e gli altri due non ci sono.
Mangiano, cantano attorno al fuoco; uno suona l'armonica a bocca.
Durante la notte i cani abbaiano, e abbaiano così forte che nessuno dorme.
Alle 5 del mattino sono tutti fuori dalla baracca.
Stanno arrostendo 3 conigli presi la sera prima.

Musica dei Black Sabbath: Sabbath, Bloody Sabbath.

Mangiano i conigli come gli animali, in piedi e con le mani.

"Adesso andiamo in giro, ho bisogno di qualche indizio. Mio nonno si chiamava Smit Klint. Tutto quello che troviamo può essere utile, andiamo. Formiamo dei gruppetti da tre persone, e se ci sono problemi chiamiamoci con i walkie-talkie.
Il capo: "Usiamo la bussola, mi raccomando. Andiamo e stiamo attenti a dove mettiamo i piedi. Qui nelle paludi è pieno di serpenti e molti sono velenosi. Alle 13 tutti qui; se c'è selvaggina prendiamola".
Si dividono in gruppetti e vanno in mezzo alla foresta.

Rumori di uccelli e altri animali.

Dopo 2 ore uno trova le sabbie mobili. Grida: "Aiuto, aiuto!"
I suoi compagni prendono delle corde e dei bastoni.
"Stiamo arrivando, dove sei? Ti vedo, arrivo".

Il tipo è sotto le sabbie mobili fino alla gola e ha il panico.

"Stai fermo, così è peggio. Prendi la corda e il bastone".

L'uomo sulle sabbie mobili: "Ho preso il bastone, ma qui sotto di me c'è qualcosa che mi aggancia".

I due tirano fuori l'uomo dalle sabbie mobili, e attaccato c'è uno dei due che la sera prima si era perso.

L'uomo morto era attaccato con una mano a un piede e tirandolo su non aveva più le gambe.

"Ti è andata bene, dobbiamo stare attenti".

"Ho paura, su queste sabbie mobili ci sono degli animali pericolosi. Si sono mangiati l'amico, e la stessa fine l'ha fatta anche l'altro".

Uno: "Cosa facciamo di questo mezzo corpo?"

L'altro: "Ho un'idea: vogliamo sapere che animali ci sono in queste sabbie mobili? Prendiamo il mezzo corpo dell'amico sfortunato, lo leghiamo e con una pertica tiriamo su la bestia che c'è dentro la pozza".

Aspettano seduti vicino alla pozza. Dopo un'ora escono due chele enormi di un gambero gigantesco che tira dentro il mezzo corpo dell'uomo.

In quel momento in due tirano la pertica per tirare fuori il gambero, ma non ce la fanno.

Uno: "Sarà pesante come un cavallo, troppo pesante per noi".

L'altro: "Torniamo alla base, è ora di pranzo".

Più avanti c'è un gruppetto di tre uomini nella palude. Dopo tre ore di cammino si sono persi; la bussola è rotta, un caimano addenta uno dei tre a una caviglia.

Questo urla dal male. Il caimano lungo quasi 3 metri si gira su se stesso portando sott'acqua l'uomo.

Uno dei tre spara, prende il caimano e l'amico, e dice: "Lo dovevo fare, lo dovevo fare. Jon era spacciato, il caimano gli ha spezzato le gambe; cosa potevo fare?"

Con una corda tirano su il caimano e Jon.

Un altro commando di quattro militari trova una barchetta nascosta tra i cespugli.

Tirano fuori la barchetta lunga 2 metri. Uno: "Con questa si salvano solo due persone".
Dentro la barchetta c'è un foglio di pelle arrotolato.
Il capo apre il foglio e vede una mappa della zona.
Il capo: "Con questa barchetta qualcuno si doveva salvare il culo: pagavi qualche guardia e ti facevano trovare la barchetta e una mappa per uscire da questo inferno".
Il capo: "Voi due andate in questa direzione e entrate in campo base. Noi due proseguiamo per dove ci porta la mappa; ci vediamo più tardi".
I due, tornando al campo base, vedono un cinghiale, gli sparano e lo ammazzano.
Lo legano a un bastone robusto, se lo mettono in spalla e lo portano al campo.

Rumori e suoni della giungla.

Nel campo base qualcuno prepara da mangiare; hanno molta selvaggina e molta birra.
Uno di loro parla con i feriti e domanda come stanno.
Uno dei feriti: "Sono pieno di dolore, ho il polmone perforato, ho la febbre. Portateci in ospedale o moriremo qui".
L'altro ferito al femore: "Non sento più la gamba, sto male".
"Quando arriva il capo vi porterò in ospedale. Adesso mangiate".
Il capo e il compagno non arrivano; i ragazzi non sanno che fare.
Arriva la notte. Si sentono i cani ululare e abbaiare.
Al mattino alle 6 si alzano. I due feriti sono morti.
Uno del commando decide per tutti: "Qui bisogna fare qualcosa. Questi due amici che sono morti li sotterriamo qui. Guarderemo meglio se ci sono delle carte, qualcosa che parla delle carceri e dei carcerati".
Fanno due buche, sotterrano i due morti e dicono una preghiera.
Tutti assieme cercano nelle baracche. Dopo ore alzano una tavola del pavimento della baracca dove alloggiano, e trovano un'agenda con tanti nomi scritti.

È scritto "scappati e mai più trovati" e ci sono una ventina di nomi di morti per malattie o vecchiaia. Qui trovano il nome di Smit Klint.

"Questa è una cosa importante: sappiamo che è morto e potrebbe essere qui".

Musica tipica di Banjo Clan: I've Found a New Baby.

In tutto sono rimasti in 7: gli altri sono morti o dispersi.

Il nuovo capo decide che è ora di mangiare e, dopo mangiato, di trovare il cimitero per vedere il corpo di Smit Klint e se c'è qualche traccia utile.

Si cuociono vicino alle baite il cinghiale e anche la carne del caimano.

Mangiano e bevono birra anche calda.

Finito di mangiare, incomincia a piovere. Tutti si mettono una mantella e un cappello mimetico, e tutti assieme decidono di ispezionare la zona est con la bussola.

Passano tutto il pomeriggio nella giungla sotto la pioggia.

Per fortuna nessuno si fa male, ma non trovano nulla di utile.

Arriva la sera. Tutti mangiano, bevono dell'acqua piovana che hanno raccolto con dei catini che aveva uno di loro nel gippone.

Il capo: "Abbiamo da mangiare e da bere per tutta la settimana. Domani esploreremo la zona nord, e se non troveremo nulla dopo domani esploreremo la zona sud. Qualche commento?"

Tutti no coment, ok.

Musica di Banjo Clan: Shake That Thing.

Il mattino un soldato viene morso da un serpente a sonagli.

Il soldato va vicino a un cespuglio per pisciare, e un serpente lo morde al polpaccio della gamba destra. Questo si mette a urlare: "Un serpente mi ha morso! Aiutatemi! Venite!"

Il capo gruppo decide che bisogna portarlo al primo ospedale per salvargli la vita.

Prima di partire per la città più vicina dà istruzioni ai soldati.

Il capo gruppo: "Io vado in ospedale, voi dovete esplorare tutta la zona nord per almeno 20 miglia, e quando torno mi dite cosa avete trovato".

Carica nel gippone l'ammalato e parte.

Il gruppo di cinque militari si dirige a ventaglio verso le paludi; guardano di qua e di là, ma non trovano nulla di utile.

Improvvisamente uno dice: "Avete sentito?"

Un soldato: "Cosa? Cosa hai sentito?"

"Senti i cani da lontano, potrebbero azzannarci".

Un altro soldato: "Stiamo attenti, niente panico. Quante munizioni avete?"

Tutti assieme: "Molte, abbastanza".

"Andiamo".

Camminano per la palude in direzione nord. Improvvisamente un albero si rompe in due pezzi, cade al suolo e fa un rumore assordante. Tutti prendono paura.

Un soldato sente un rumore e scappa nella palude sempre dritto. Gli altri soldati lo seguono e tutti corrono senza guardarsi alle spalle.

I soldati, presi dal panico, non si sono accorti che si sono persi.

Si sentono cani abbaiare sempre più vicini e c'è l'impressione che qualcuno sia lì vicino a guardare.

Passano le ore. Si sentono degli spari; i spari sono sempre più vicini.

Tutti sono lì vicino che si chiamano ma non si vedono.

"Entony, Entony, Jonsooon, Piter?"

"Jonnyyyyyy, Jonnyy, Frenk, Frenk?"

"Sono Entony, chi sei?"

"Sono Bylli, sono nascosto dietro questo cespuglio alla tua sinistra. Ho preso paura per i cani e i rumori. Quando ero in Afghanistan avevo meno paura. Qui tutti abbiamo preso paura, siamo scappati tutti".

Entony: "Abbiamo ancora poche ore di luce, torniamo indietro. Hai la bussola?"

Bylli: "Ho il walkie-talkie, chiamo qualcuno. C'è nessuno? Siamo persi nella palude a nord. C'è nessuno che ci ascolta?"
Bylli: "C'è nessuno? Pronto? Rispondete!"
Entony: "Nessuno risponde perché non abbiamo preso la bussola".
Bylly: "La parte di un albero molto grosso che ha il muschio è a nord; noi andiamo dalla parte opposta".
Entony: "Ok, andiamo dritti da questa parte".
Entony: "Jonnyyy, Jonnyyyy, Frenkk, Frenkk, Pitteeerrrr?"
"Sono Piter, dove siete?"
Spara in aria un colpo.
Piter: "Va bene".
Dopo uno sparo si riuniscono.
Dopo qualche sparo si ritrovano tutti.
Piter: "Ho la bussola, andiamo alla baracca. Ho le palle rotte per oggi".

Rumori della foresta.

Da lontano si sentono dei colpi di accetta che spacca la legna.
Jonny: "Penso che non siamo soli in questa palude".
Improvvisamente vedono il corpo di uno di loro in acqua, con la testa sott'acqua e un palo appuntito sulla schiena.
Lo tirano su dall'acqua: è irriconoscibile, tutto mangiato dai granchi.
Lo legano a una corda e a due pali, e lo portano con loro.
Camminano, la palude finisce. Sta diventando buio.
Decidono di fare un fuoco e levarsi le scarpe.
Incominciano i rumori notturni.
Fanno un bel fuoco e, tutti vicini, si asciugano piedi e scarpe.
Tutti dormono, uno fa la guardia.
Arriva il mattino. Fanno 300 metri e trovano delle croci piantate a terra.
A 200 metri, alla propria sinistra, vedono i gipponi.
"Siamo arrivati". decidono di prendere delle pale per andare al cimitero appena scoperto.

Scavano una tomba. Dopo 30 centimetri trovano le ossa di un uomo; sul collo ha una medaglia di alluminio con scritto Steev Colt.

Scavano per tutta la giornata.

È quasi scuro. Trovano uno scheletro a fianco. Dove c'era lo stomaco trovano un portasigari e una medaglia in alluminio tutta strisciata al collo; si capisce solo sm e nt.

Uno apre con fatica il portasigari e trovano una mappa.

Entony: "Questa roba l'aveva dentro lo stomaco, come gli altri quattro che abbiamo trovato negli altri corpi dove c'erano solo pochi dollari e le foto di famigliari. Domani mattina ci studiamo la mappa e poi lasciamo questo posto maledetto".

Musica: grilli, rane, gufi, cani, coyote che ululano.

I soldati rimasti mangiano e decidono di dormire presto, anche perché hanno passato una brutta notte a causa dell'umido della foresta e qualcuno non ha dormito.

Durante la notte tutti dormono. Nel silenzio della notte un'ombra entra nella baracca e con un grande coltello taglia la gola a tutti.

Sorge il sole. il capo gruppo arriva da solo col gippone; aveva portato all'ospedale Uno del gruppo che era stato morso a un polpaccio da un serpente a sonagli.

Entra dentro la baracca e vede un macello: "Cosa è successo? Si sono ammazzati per l'oro?"

Va vicino al primo morto più vicino e vede un taglio al collo da mercenario.

Osserva: tutti i cadaveri hanno fatto la stessa fine. Parla da solo: "Cos'è successo? Qui qualcuno ha scoperto qualcosa e li ha ammazzati".

Musica dei Black Sabbath: Paranoid.

Va fuori col fucile, gira un po' finché trova il cimitero con le tombe tutte aperte.

Il capo gruppo: "Hanno trovato qualcosa, qualcuno ha la mappa o qualcosa di utile. Ho un'idea".

Il capo gruppo va nella baracca, guarda bene tutto come un detective, guarda nelle tasche dei soldati per terra, trova dei portasigari in alluminio e si domanda: "Cosa sono questi vecchi portasigari?"

Passa il tempo. Trova una vecchia camicia mimetica tutta macchiata; con il carboncino, un po' di erba, con un po' di sangue recuperato per terra e un po' di acqua crea una mappa e la mette dentro un portasigari.

Spara dei colpi di fucile in aria, poi urla: "Ho un pezzo della mappa; se vuoi ci mettiamo d'accordo. Sono tutti morti, dividiamo solo in due persone".

Passa un'ora. Si sentono solo i rumori delle cicale e fa un caldo afoso fortissimo.

Spara in alto altri colpi e poi urla: "Ho un pezzo della mappa, siamo solo noi due. Vieni fuori, dividiamo tutto noi due".

Si sentono degli spari di fucile e uno che urla: "D'accordo, vengo là e ne parliamo".

Esce dai cespugli un militare tutto sporco di nero con il fucile in mano.

I due si guardano. Il nuovo capo gruppo: "Tu sei il capo, non ti eri perso con la barchetta?"

"Sì, ma ho ritrovato la strada di ritorno. Sono arrivato qui e ho trovato tutti morti. Si sono ammazzati per i soldi".

"Fammi vedere la mappa che hai trovato".

"Tira fuori anche tu la tua mappa".

"Ok, ok, mettiamo le mappe sul tavolo e studiamole".

Uno mette la mappa fatta su una pelle di animale e l'altro mette la mappa fatta sulla stoffa.

Le due mappe sono a fianco sulla tavola; nelle mappe ci sono delle strade.

Uno dice: "Non capisco nulla: perché due mappe, una sulla stoffa e una sulla pelle?"

"Troppo facile una mappa sola. Serve per depistare, così bisogna essere in due per capire qualcosa".

"Hai ragione, una mappa serve per sapere la zona e l'altra serve per sapere i dettagli".

"Non capisco. Questa mappa in stoffa è bruciata; dove era scritto un nome è rimasta solo una m. Cosa significherà?"

"Hai qualche idea?"

"Qui ci vuole del tempo. dobbiamo studiare bene queste due carte".

Sono seduti da mezzora e guardano le mappe.

Quello che ha fatto la finta mappa, di nome Jon, dice: "Questa m potrebbe essere Mississippi o Missouri, uno dei due fiumi. In una zona non lontano da questo fiume c'è un cimitero e là c'è l'oro. La mappa di stoffa ci porta nella zona, e l'altra mappa ci porta in un cimitero".

L'altro, di nome Kid: "Forse hai ragione. Prima dobbiamo trovare la zona e dopo il cimitero e la tomba con l'oro. Questa notte dormiamo qui e domani mattina partiamo all'alba".

Musica dei Black Sabbath: War Pigs.

5 minuti dopo Kid tira fuori un coltellaccio da militare. Jon è di spalle a qualche metro.

Si sposta e fa volare sopra la tavola Kid.

Incomincia un combattimento per la vita. Tutti e due fanno karate; passano 20 minuti e si danno tante botte.

Jon: "Hai ammazzato i nostri compagni per un po' di oro, sei un assassino!"

Kid: "L'oro è mio, solo mio! Adesso ti ammazzo come ho ammazzato gli altri".

Sono fuori nell'erba e si accoltellano. Jon cade e sbatte la testa su una baracca.

Kid è in ginocchio sopra Jon e, prima di tagliarli la gola, gli dice: "Svegliati, non è bello tagliare la gola a uno che dorme".
E gli dà qualche schiaffo.
In quel momento un serpente a sonagli gli salta addosso e lo morde in faccia.
Kid urla come un matto, taglia il serpente a pezzi col coltello e si alza in piedi.
Urla fortissimo dalla rabbia e cade in ginocchio.
Jon si sveglia e vede la scena.
Kid vuole parlare ma non riesce; è in ginocchio e si dà una coltellata allo stomaco.
Cade per terra.
Jon non ha parole, sta seduto per terra un'ora.
Poi prende tutti i morti e li seppellisce nelle buche delle tombe del vecchio cimitero. Fa delle croci e dice una preghiera.
Prende il suo gippone e se ne va.

Racconto di un gigolò italiano a Parigi

Io ho vissuto negli anni '70 a Parigi.

E mi ricordo della città, delle corse dei cavalli, di italiani che lavoravano nelle pizzerie, di certi italiani che erano un po' furboni e tutti i giorni inventavano qualcosa per non lavorare e avevano la Mercedes, della facilità di divertirsi anche con le donne.

Un giovane scrittore siciliano vuole vivere a Parigi e vuole conoscere la città. Avrà delle avventure belle con le donne, brutte con certi mafiosi.

Primo tempo di racconto di un gigolò italiano a Parigi

1980. Un giovane scrittore italiano vuole vivere come può a Parigi.

Musica di testa degli Eagles: Hotel California.

Musica di coda di Charles Aznavour: Mourir d'aimer.

Una stanzetta in un vecchio quartiere di Parigi, nel centro nel quartiere latino, ospita da qualche mese un ragazzo ventenne scappato dalla Sicilia, un paesino in mezzo al verde vicino al mare. Profumi, sapori, gli unici ricordi del giovane.

Musica di Edith Piaf: La Vie en Rose.

Questo ragazzo ventenne chiamiamolo Augusto.

Augusto: "Sono scappato dalla Sicilia perché voglio vivere a modo mio e voglio diventare uno scrittore, perché a me piace leggere e scrivere".

Il giovane siciliano, innamorato dalle bellezze di Parigi, tutti i giorni va a spasso.

In una bella primavera cammina guardando la Senna, osserva le bancarelle che vicino alla Senna vendono libri, vecchi cartoline, vecchie e nuove litografie della bella Parigi e di altre città francesi e europee.

Perde ore e ore a guardare queste cose che trovi solo a Parigi.

Augusto con quelli delle bancarelle parla un francese molto italianizzato; alla fine si capiscono e riesce a conquistare delle amicizie.

Un altro giorno Augusto va agli Champs-Élysées e perde tutta un giornata fra l'Arco di Trionfo e tutte le vie e viuzze che ci sono.

Ogni tanto si ferma in qualche piccolo bar, beve un caffè e trova il tempo per scrivere.

Musica di Edith Piaf: Non, je ne regrette rien.

Augusto ha appena incominciato a scrivere su un block notes, di solito prende appunti.

Passano i giorni e Augusto conosce sempre meglio Parigi.

A Saint Michel ha scoperto un bar dove ci sono giovani amanti della musica rock, e tutti i pomeriggi va a bersi una birretta e ascolta quello che si dicono.

Musica rock dei Queen: We are the champions.

Passano i giorni e fa molto caldo, è agosto. Ha scoperto un giardino meraviglioso dove va tutti i pomeriggi con del pane perché i passerotti gli mangiano dalla mano. la zona è sempre centrale, nel quartiere latino; il giardino è Jardin du Luxemburg. In questo giardino c'è molta gente, si può prendere il sole e nessuno si scandalizza se sei in canottiera.

Musica: cinguettii di uccellini.

Un giorno ha fatto amicizia con una signora quarantenne.
La signora si chiama Loren, una bella signora che ama i giovani e a cui piace parlare con Augusto, perché parla poco il francese ma è attratta dalla sua intelligenza.
La signora Loren invita a casa sua Augusto.
La signora Loren: "Augusto, questa sera vieni a cena da me. Ti faccio qualcosa tipico francese, poulet à la campagnarde: pollo alla campagnola".
Augusto: "Va bene, Loren, devo andare nel mio appartamentino a cambiarmi o vengo così?"
Loren: "Vieni così. Nel mio appartamento puoi fare una doccia e ti do anche dei vestiti per cambiarti".
Più tardi prendono un taxi e vanno a piazza della Bastiglia.

Musica di Edith Piaf: Milord.

Entrano nell'appartamento. Loren: "Siediti e bevi un whisky. Fanne due, io mi preparo. Dopo vai tu a farti una doccia".
La coppia mangia, ride, scherza e verso mezzanotte lei gli dice: "Vuoi fermarti qui questa notte?"
Augusto: "Va bene se lo vuoi".
Verso le due del mattino sono a letto assieme che se la spassano.

Musica di Edith Piaf: La foule.

Passa il tempo e Augusto frequenta un ristorante italiano a Parigi.
È autunno: gli alberi dei boulevard sono tutti gialli e le strade di Parigi sono piene di foglie gialle.
Augusto di sera va in un ristorantino di un napoletano.
Il ristorantino si chiama "Ciao Napoli" ed è molto accogliente.
Augusto si è fatto degli amici italiani e va tutte le sere in una zona caratteristica.

Vicino alla Bastiglia, in questa zona, ci sono dei night club che assomigliano alle balere in Italia, dove si balla e ci sono solo vecchie che aspettano dentro e fuori in strada qualcuno che le faccia ballare.

Musica di Astor Piazzolla: Libertango.

Augusto ha conosciuto due, tre donne sui cinquanta anni che lo pagano per passare la serata nella sala da ballo e dopo per passare la notte assieme.
Un pomeriggio alla fine di gennaio è nella sua stanzetta e ha finito di scrivere un libro.
Augusto si guarda intorno ma non vede futuro: "Cosa sto facendo? Così non vado da nessuna parte; il libro che ho scritto fa schifo, sono stufo di vivere con queste vecchie. Soldi non ne ho più, devo trovarmi un lavoro".
Augusto passa una settimana in cerca di lavoro.
Trova degli amici che scommettono ai cavalli e con loro va all'ippodromo.
All'ippodromo trova un lavoro: deve accudire i cavalli.

Musica di Aznavour: La Bohème.

Passa un mese ma il lavoro non gli piace, però vuole conoscere meglio il giro d'azzardo delle scommesse.
Fa la conoscenza di personaggi un po' loschi.
Passa un altro mese e con degli amici italiani una sera va a ballare.
Passa tutto il mese di febbraio nelle discoteche a bere, a ballare e a rompere le palle alle ragazze ventenni.
Una sera parla con delle ragazze, si siede con loro per parlare.

Scena

In discoteca Augusto seduto con delle ragazze che parla.

Musica da discoteca di Gloria Gaynor: Never Can Say Goodbye.

Cinque minuti dopo tre uomini grandi e grossi lo prendono per le braccia, lo portano fuori dalla discoteca e gli danno tante botte; lo mettono in una macchina e lo portano vicino alla Senna.
Lo lasciano per terra e gli dicono non rompere mai più le palle a don Stakof.

Musica di Astor Piazzolla: Oblivion.

Al mattino molto presto un clochard vede il tipo che è mezzo morto, disteso per terra e pieno di sangue.
Il clochard: "Svegliati! Come stai? Ti hanno fatto del male, vuoi che chiami un dottore?"
Augusto: "No, non serve, grazie. Mi hanno fatto del male e non so il perché".
Il clochard lo trascina in una barchetta lì vicino, gli dà del tè e gli dice: "Riposati. Questa è casa mia, stai qui quanto vuoi".
Per un mese e mezzo il clochard lo cura e gli dà da mangiare.
Nella barchetta c'è una piccola radio; quella è sempre accesa.
Piano piano Augusto si tira su e fa delle camminate lungo la Senna con il clochard.

Scena

Si vedono Augusto e il clochard che parlano seduti dentro la barchetta.
Con un bicchiere di vino.
Il clochard non parla un buon francese, è tedesco e dice di essere là perché gli piaceva la città di Parigi.
Un pomeriggio Augusto invita il clochard a bere un caffè in un bar all'Opera.
Quella è l'ultima volta che vede il clochard.

Musica di Gilbert Bécaud: Et maintenant del 1962.

6 mesi dopo, verso aprile, Augusto va nei paraggi della discoteca dove lo hanno picchiato.

Si mette un po' in un bar; poi, vicino a un chiosco, controlla bene la zona.

Passa una settimana e di notte segue un uomo. L'uomo entra in una Range Rover e va via.

Augusto scrive la targa e memorizza il fuoristrada.

Il giorno dopo, alle quattro del mattino, l'uomo che Augusto seguiva la sera prima parte con la Range Rover.

Accende la radio, fuma una sigaretta, e dopo 15 minuti che guida due cacciaviti gli vengono conficcati nelle orecchie.

Musica: una nota re per 30 secondi con distorsore.

Un forte grido di dolore. Il fuoristrada dopo 40 metri si ferma.

L'uomo è ancora vivo ma non ha capito cosa gli sia successo.

Augusto gli dà un colpo con un martello su una spalla, esce dalla macchina, apre la porta e trascina fuori l'uomo che è alla guida.

Augusto: "Non mi riconosci perché ho la barba. 8 mesi fa tu e altri mi avete ammazzato, adesso io ammazzo voi".

Con un bastone gli spacca la testa e lo lascia là in strada come avesse avuto un incidente d'auto.

Prende la Range Rover, la mette in un parcheggio libero dove non la troveranno mai, dopo averla pulita da qualche impronta.

Il giorno dopo i giornali parlano di un uomo che è stato investito da un pirata della strada.

Augusto dopo 20 giorni va nei paraggi della discoteca. Un pomeriggio di domenica vede un altro degli scagnozzi che lo avevano ammazzato di botte.

Musica Frank e Nancy Sinatra: Somethin' Stupid.

Fine primo tempo

Secondo tempo. Raccontodi ungigolò a Parigi.

Per parecchi giorni non vede più nessuno degli scagnozzi.
Augusto è sempre là che controlla e che pensa a come fargliela pagare.
Una mattina, alle ore 5, fuori dalla discoteca Augusto aspetta, con un sacchetto di pane in mano, il proprietario di una Mercedes bianca. Arriva un uomo grande e grosso; apre la Mercedes e cerca di metterla in moto, ma la Mercedes non parte.
L'uomo prova e riprova ma la macchina è morta.
Augusto: "Apri il cofano della macchina".
L'uomo al volante gli apre il cofano. Augusto guarda un po' dentro il motore.
Augusto chiama l'uomo: "Vieni a vedere il motore, c'è un problema".
L'uomo esce dalla macchina. Augusto si sposta e gli dice: "Guarda bene il motore".
L'uomo guarda il motore, e Augusto gli versa in testa la benzina che ha in un vaso da pittura con un po' di pittura rossa e gli dà subito fuoco.
L'uomo urla dal dolore; in pochi secondi prende fuoco e anche la Mercedes si infiamma.
Augusto dopo 3, 4 minuti, vedendo che a quell'ora non c'è nessuno, gli dice: "Hai fatto la fine che meriti, brutto bastardo! Va' all'inferno!"
Poi parla un po' in siciliano e, prima che arrivi qualcuno o la polizia, sparisce.

Musica di Astor Piazzolla: Extasis.

Arriva la polizia; in pochi minuti decide che è stato un incidente.
Vedendo il cofano della Mercedes aperto, l'uomo carbonizzato e il motore della Mercedes bruciato, la polizia non ha dubbi.

Il giorno dopo, sui giornali: "Un uomo prende fuoco, il motore gli esplode in faccia. L'uomo muore carbonizzato".
Augusto va a lavorare nelle stalle dell'ippodromo, deve scoprire chi è il mandante dei suoi guai, mister Stakof.
Lavora per qualche mese e tutte le volte che ci sono le gare di cavalli importanti.
È in tribuna a godersi le corse.

Scena

Augusto in tribuna dell'ippodromo a Parigi, che si gode le corse di cavalli.
Augusto guarda con un cannocchiale, mentre c'è chi urla Mobidic.
Un nuovo cavallo giovane.

3 mesi dopo, in ottobre, va nella discoteca; trova anche il terzo uomo che gli spaccò le costole.
Augusto si avvicina all'uomo e gli domanda se gli può accendere la sigaretta.
Augusto, con la sigaretta in mano: "Ha fuoco?"
L'uomo, zitto senza dire nulla, accende la sigaretta ad Augusto.
L'uomo non può riconoscere Augusto perché ha sempre la barba.

Musica di Cocciante: Margherita.

Una domenica Augusto e un altro ragazzo delle scuderie vanno all'ippodromo a vedere le corse dei cavalli.
Quella domenica ci sono cavalli molto importanti che corrono, e Augusto ha ben pensato: "Se ci sono cavalli importanti, ci saranno anche i padroni".
Augusto e l'altro ragazzo passano tutto il pomeriggio a bere birra, a giocare ai cavalli e a guardare la gente, specialmente quella importante.

La giornata è leggermente calda anche se siamo alla fine di ottobre.

Augusto chiede al ragazzo che è con lui: "Chi è quel signore vestito di bianco col capello da cowboy?"

Il ragazzo: "Quello è il re delle scuderie, mezzi cavalli e puledri importanti sono suoi".

Augusto: "Come si chiama?"

Il ragazzo: "Si chiama Stakof, è un personaggio molto importante e un boss della malavita parigina; scommette sui cavalli. Monsieur Stakof è bulgaro, è a Parigi da 10 anni".

Augusto: "Che cavalli ha?"

Il ragazzo: "Asso è suo, Spirito selvaggio, Arcobaleno, Garibaldi, Saetta, questi sono i più forti e questi cavalli sono nelle nostre stalle".

Augusto: "Durante il giorno si può andare a vedere i cavalli in tutte le stalle?"

Il ragazzo: "Noi che lavoriamo dentro non abbiamo nessun problema".

Musica di Grace Jones: Libertango.

Finisce la giornata. I due vanno in un ristorante arabo a mangiare il cous cous.

Il giorno dopo Augusto va a lavorare nelle stalle delle scuderie, parla un po' con dei ragazzi che lavorano con lui.

Nel pomeriggio va in giro per le scuderie e, senza far domande per non creare sospetti, ascolta.

Per un mese, tutti i pomeriggi a fine lavoro, gira per vedere i cavalli e scoprire il loro nome, i padroni, i pregi e i difetti.

Musica di Astor Piazzolla: Adios Nonino.

Un giorno telefona in Sicilia a un suo amico d'infanzia che è veterinario, e si fa spiegare come drogare un cavallo per non farlo vincere alle gare senza che sul cavallo ci siano effetti dannosi per la sua salute.

Augusto: "Iannuzzo, come va? Mi devi aiutare, devo vendicarmi di qualcuno. Io gli devo drogare i cavalli, così perde un sacco di soldi sulle scommesse".

Iannuzzo: "Capisco, darò un'occhiata a un libro che ho. Chiamami domani a quest'ora e ti dirò come devi fare. Ciao".

Augusto: "Grazie, ti telefonerò domani a quest'ora. Ciao".

Il giorno dopo.

Augusto telefona: "Iannuzzo, ciao, hai trovato qualcosa?"

Iannuzzo: "Usa questi prodotti: ketamina e una zolletta di zucchero imbevuta con un po' di sonnifero qualche ora prima della gara. Vedrai che il cavallo partirà forte ma non arriverà primo, e nessuno se ne accorgerà.

Augusto: "Grazie, Iannuzzo, come va in Sicilia?"

Iannuzzo: "Non c'è male! Qui nelle campagne si vive di profumi e di colori. Il mio lavoro di veterinario mi porta nelle case dei contadini e tutti mi vogliono bene mi regalano di tutto".

Augusto: "Grazie di tutto. Quando vengo in Sicilia ti vengo a trovare. Ciao".

Iannuzzo: "Ciao, ci sentiamo".

Musica di Grace Jones: La Vie en Rose.

5 ore prima della gara, Augusto mette un po' di ketamina in polvere nella biada dei cavalli.

La domenica, nel pomeriggio, incominceranno le gare dei cavalli.

Al mattino, verso le ore 12, Augusto passa per vedere i cavalli e dà una zolletta di zucchero imbevuta di sonnifero.

Musica: una nota si che dura 30 secondi, composta dall'organo.

Prima gara: i cavalli partono; tutti hanno scommesso un sacco di soldi sul cavallo Asso.

Augusto gioca 200 franchi su un altro cavallo, Apollo.

Gioca pochi soldi, ha paura di essere scoperto.

Prima gara: vince Bolle blu.

Seconda corsa: Augusto gioca 300 franchi sul cavallo Tiky; tutti giocano sul cavallo Arcobaleno.

Vince il cavallo Tiky.

Quella domenica tutti i cavalli di monsieur Stakof persero tutte le gare.

Monsieur Stakof perse moltissimi soldi, non capì cosa fosse successo.

La domenica dopo, tutti i cavalli di monsieur Stakof persero di nuovo, e Stakof ebbe una grossa perdita.

Monsieur Stakof si convinse che la mafia lo voleva eliminare e renderlo povero.

Monsieur Stakof decise di entrare in affari con dei mafiosi che trafficavano a Parigi.

Monsieur Stakof decise di regalare i migliori cavalli che aveva a un padrino di Cosa nostra di Parigi.

Il padrino lo invitò una sera a una cena in un ristorante a piazza Pigalle.

Musica della radio di Adriano Celentano: Grazie, prego, scusi.

In ristorante il padrino: "Perché mi vuoi regalare tutti questi cavalli? Ho sentito che sono dei campioni".

Monsieur Stakof: "Ve li regalo in segno di rispetto".

Il padrino: "Quanto comandi qui a Parigi? E che business hai a Parigi?"

Monsieur Stakof: "Ho una discoteca, ho il giro delle scommesse dei cavalli e ho molti cavalli vincenti. Vorrei entrare nel vostro giro".

Il padrino: "Domani ci vediamo qui alla stessa ora; vieni con tutti i documenti dei tuoi averi e poi ne parliamo".

Musica della radio del ristorante. Modugno: Vecchio frack.

La sera dopo, nel ristorante, Monsieur Stakof entra e il padrino lo fa sedere a tavola con lui.

Il padrino: "Monsieur, venga. Si sieda, parliamo di business. Tutto bene?"

Monsieur Stakof: "Ok, ho portato i documenti".

Il padrino: "Li hai firmati?"

Monsieur Stakof: "Li firmo adesso".

Il padrino: "Adesso mangiamo e tu mi dici cosa vuoi. I documenti li firmi davanti al mio uomo di fiducia".

I due mangiano. Monsieur Stakof gli racconta come ha fatto i soldi a Parigi e, per finire, Monsieur Stakof: "Ho sentito parlare della mafia. Io sono un pesce piccolo, lascio che la mafia diventi sempre più grande. A me interessa entrare in affari con voi senza pretese; in cambio vi do la mia parte".

Il padrino: "Monsieur, tu non hai capito che cos'è la mafia".

Il padrino, alla fine della cena: "Monsieur, ci faremmo vivi noi per i prossimi sviluppi".

Andato via Monsieur Stakof, il padrino: "Antonio, Rosario, venite fuori. Ma chi è questo cretino? Indagate un po' per qualche giorno che non faccia il doppio gioco. Ho mangiato pure male! 'Sta minchia aveva puzza, ha mangiato aglio!"

Musica di Charles Aznavour: Mourir d'aimer.

Augusto per un po' di notti ha controllato il terzo uomo che gli ha spaccato le ossa.

Una sera a mezzanotte vede arrivare una macchina. Augusto prende un secchio di plastica che aveva con sé, lo riempie con delle bottiglie di acido e va verso l'auto che è appena arrivata.

L'uomo sta per uscire. Augusto: "Ti ricordi di me?"

E gli tira una secchiata di acido in faccia.

L'uomo si mette a urlare dal dolore e cade per terra. Augusto, tranquillo, prende l'auto e stacca due fili sotto il volante; la macchina si mette in moto e parte.

Musica della radio di Sylvie Vartan: Il revient.

Augusto dopo 30 minuti è nella periferia di Parigi. Fa un giro con l'auto, poi torna in centro e lascia la macchina in una stradina di Parigi.
Prima di uscire dalla macchina dà una piccola controllatina; poi con dei fazzoletti di carta la pulisce, leva tutte le sue impronte, cammina un po'e va a dormire in una stanza.
Nel centro vicino alla Senna.
Augusto, come tutti i giorni, va a lavorare nelle stalle dei cavalli.

Scena

Augusto che pulisce un cavallo e che gli dà da mangiare.

Musica Yves Montand: A Paris.

Diversi mafiosi controllano monsieur Stakof per diversi giorni.

Scena

Monsieur Stakof passeggia da solo, si siede al tavolo di un bar e beve un caffè.
Un paio di mafiosi lo pedinano per sapere che fa.

Dopo una settimana di pedinamenti, i mafiosi riferiscono al padrino.
Il padrino ai suoi: "Lasciamolo tranquillo. Quando si farà vivo decideremo cosa fare".
Augusto è tutte le domeniche all'ippodromo, gioca e vince sempre perché droga i cavalli.

Scena

Corsa di cavalli: ippodromo pieno di gente, tutti gridano "Pigot, Pigot!"

Musica di Yves Montand: Les feuilles mortes.

Passano i mesi. Un pomeriggio di primavera, dalle stalle dove lavora, vede monsieur Stakof che passeggia guardando i cavalli.
Augusto guarda bene e vede che è proprio monsieur Stakof.
Augusto guarda di qua e di là: non c'è nessuno.
Augusto con la mano lo chiama ed entra nella stalla. Monsieur Stakof entra nella stalla.

Musica: suono fatto con i ciondoli metallici di un tamburello.

E si prende un colpo di badile in faccia.
L'uomo cade a terra. Augusto gli leva la giacca e gli lega con dello spago le mani.
Più tardi gli dà un'altra botta in testa.
Con la carriola del letame lo porta dove c'è il letame, gli mette dello sterco di cavallo in bocca e lo copre tutto di letame.
Augusto: "Addio, mangia merda".
Alle 7 di sera esce dalle stalle come niente fosse accaduto.

Musica dei Deep Purple: Lazy.

Augusto, dopo 6 mesi, con un po'di soldi vinti ai cavalli, prende un aereo e va in Australia.

Scena

Si vedono l'aeroporto di Parigi e l'aereo che parte.

Fine del film

Claudio Matterazzo

10 06 2013

Una vampira a Venezia

L'idea nasce in un autunno tipico veneziano, tutto freddo e nebbioso, il fascino di Venezia.

Una liceale a Londra si ammala e la mandano a Venezia da una sua zia per curarsi.
E vivrà dei bei momenti, anche di paura, a Venezia.

Primo tempo. Una vampira a Venezia

Musica di testa di Alessandro Marcello: Concerto in re minore per oboe e orchestra.

Musica di coda degli Enigma: Sitting on the Moon.

1985. Siamo a Londra.

Musica dei Goblin: Suspiria.

In un college, fuori nel giardino, ci sono molte studentesse che giocano.
In una cameretta nel college un dottore visita una ragazza di circa vent'anni.
Il dottore: "Ti vedo piuttosto pallida, quanti giorni è che sei così?"
La ragazza a letto: "Sono 2 settimane che non mi sento bene".
Il dottore: "Cosa è successo? Hai mangiato qualcosa di avariato?"
La ragazza: "Non so, è successo una notte. Ero tutta sudata, ho fatto un brutto sogno e al mattino non avevo più la forza per alzarmi dal letto.

Il dottore: "Passerò domani, devo pensare a qualcosa".
Un'insegnante che era in camera: "A domani, dottore, grazie per la sua visita".

Il dottore se ne va. L'insegnante: "Adesso dormi, Lussy, passerò più tardi".

Dopo qualche settimana.

Musica di Alessandro Marcello: Oboe, concerto in do minore, Albrecth Mayer.

Il dottore alla ragazza: "Lussy, tu sei anemica, ti consiglio di fare un bel
soggiorno in una città italiana perché c'è sempre il sole".
La ragazza: "Dove potrei andare?"
Il dottore: "Dove c'è il mare".
L'insegnante: "Dovremmo parlare con i tuoi genitori".

Passano 10 giorni. Una vecchia signora nella stanza di Lussy: "Potresti andare a Venezia, c'è mia cugina Mery che ha abitato a Venezia e conosce bene la città; potrebbe darci dei consigli".

Musica: Psycho theme.

Una mattina Lussy si alza dal letto e guarda fuori dalla finestra le amiche che giocano e che parlano.

Dopo pochi giorni una macchina nera tipica inglese viene a prendere Lussy.
In un palazzo tetro in Inghilterra si vede passeggiare Lussy con una coppia di vecchi. Escono e nel retro del palazzo c'è un giardino e ci sono anche delle lapidi.
Si fermano qualche minuto a pregare.

Musica dei Gregorian: The Dark Side of the Moon.

Rumore del vento che fa cadere le foglie e gli alberi che oscillano.

Primo ottobre 1985.

Musica degli Enigma: Metamorphosis.

Una sera autunnale ma tiepida una ragazza cammina da sola per le calli di Venezia.
La ragazza è Lussy.
Lussy passeggia guardando le vetrine, la gente dentro i ristoranti.
Lussy sembra contenta.
Lussy passeggia guardando il Canal Grande; qualche ragazzo le dice "Ciao" e lei gli risponde "Ciao".
Arriva in piazza San Marco, ascolta la musica delle orchestrine e balla un valzer da sola.
La gente divertita la guarda, e lei con un bel sorriso tra le labbra balla.

Musica orchestrina piazza San Marco. Valzer.

Dopo 10 minuti un uomo quarantenne elegante, vestito con un mantello nero, le prende le mani e roteando ballano un valzer che tutta la gente guarda e applaude.
La coppia sparisce nel buio delle calli veneziane.
Musica di Gregorian & Vangelis: Wish You Were Here.

La sera dopo la ragazza cammina tranquilla osservando la città.
Va sul Ponte di Rialto e se ne resta là a osservare il Canal Grande di notte.
Passa il tempo, arriva mezzanotte, si sentono le campane delle chiese di Venezia.
Passa un ragazzo e lei domanda: "Scusi, per andare all'accademia?"

Il ragazzo: "Devi andare per questa strada. È un po' complicato, se vuoi ti accompagno".

Lussy: "Grazie, mi accompagni?"

Il ragazzo: "Mi chiamo Alex, e tu come ti chiami?"

Lussy: "Io mi chiamo Lussy e sono inglese. Bella Venezia, è anche romantica!"

Alex: "Io abito a Venezia; questa sera avevo voglia di girare per la città di notte".

Lussy: "Anche a me piace girare di notte, è più tranquillo e romantico".

I due passeggiano e parlano; arrivano all'accademia. Lui le dice: "Siamo arrivati. Abiti qui?"

Lussy: "Sì, abito qui vicino, però voglio stare fuori fino al mattino".

Alex: "Se vuoi ti faccio compagnia".

Lussy: "Sì, mi fa piacere, sei un bel ragazzo".

Dopo un'ora che parlano seduti in una panchina alle zattere, Alex dà un bacio sulla bocca a Lussy.

Si baciano per mezzora, poi incominciano a toccarsi e a godere. Sono le 5 del mattino.

Lussy: "Andiamo a casa, è tardi. Se vuoi ci vediamo in piazza San Marco domani sera alle 21".

Alex: "Va bene, a domani sera. Ciao".

Musica degli Enigma: Temple Of Love.

Alex arriva in piazza San Marco prima delle ore 21; qualche minuto dopo arriva Lussy.

Alex: "Ciao, come va?"

Lussy: "Ciao, tutto ok".

Lussy: "Stiamo un po' in piazza San Marco ad ascoltare la musica?"

Alex: "Va bene".

Musica delle orchestrine a San Marco.

Dopo mezzora decidono di bere un caffè seduti in piazza San Marco.

Si siedono e bevono due caffè.

Parlano e ascoltano la musica.

Alle ore 23, Alex: "Andiamo in un posto romantico?"

Lussy: "Va bene".

Camminano mano nella mano piano piano, e vanno verso i giardini.

Lussy: "Dove mi porti?"

Alex: "Qui ci sono i giardini, andiamo dentro e ci divertiamo".

Lussy: "È pericoloso?"

Alex: "No, non viene mai nessuno".

Musica: Horror Express theme.

Dietro di loro quattro uomini; li seguono senza farsi notare.

La coppia entra nel giardino, si nasconde dietro dei cespugli e incomincia a baciarsi.

Dopo 5 minuti sono circondati dagli uomini.

Danno due pedate ad Alex e lo mandano via, incominciano a toccare Lussy.

Lussy incomincia a piangere, ha paura, vuole urlare ma non ce la fa.

In due le strappano la gonna e la camicia.

Stanno per violentarla, ma improvvisamente arriva l'uomo col mantello nero.

L'uomo in nero: "Adesso vi ammazzo!"

Con un bastone gli spacca la testa; dopo 3 minuti i quattro sono per terra con la testa rotta, pieni di sangue.

L'uomo in nero a Lussy: "Devi stare più attenta e devi essere più forte. Tu sei più forte. Tu hai dei poteri, devi svilupparli. Adesso lecca il sangue: ti darà la forza".

Tutti e due sono distesi sui corpi dei quattro e gli leccano il sangue.

Musica: The day of the dead opening theme, di Giad Sammakia.

Fine primo tempo. UNA VAMPIRA A VENEZIA.

Secondo tempo. Una vampira a Venezia.

Arriva l'alba e Lussy entra nel portone della casa dove abita.
Passa un po' di tempo.

La sera di Halloween Venezia sembra invasa da vampiri e zombi.
Molti turisti si divertono.

Musica di Simonetti Goblin: Zombi.
Lussy esce dal portone di casa sua, vestita da vampiro maschio.
Cammina per Venezia, vede un palazzo pieno di zombi e vampiri
che ballano.
Lussy decide di entrare.

Musica di Enrico Simonetti: Drugs theme, 1975.

Entra nel palazzo e si diverte a ballare con altra gente mai vista.
Alle 3 di notte, ubriaca di vino, con altre due persone entra in una
camera da letto.
E lei si lascia fare quello che vogliono i due finti vampiri.
Lussy è mezza addormentata; un finto vampiro la spoglia e la
lecca; l'altra finta vampira incomincia a leccare anche lei.
Dopo un'ora di godimento in tre, Lussy: "Adesso giochiamo a fare i
veri vampiri".
Prende il collo della ragazza e con un ago fa venire fuori del
sangue dal collo e beve.
Lussy dice all'altro finto vampiro: "Bevi il sangue, vampiro".
Anche il giovane finto vampiro beve un po' di sangue.
Lussy morde il collo prima di lei e poi di lui, e beve del sangue.
All'alba, Lussy lascia la coppia di finti vampiri e se ne va.

Il giorno dopo hanno dato la notizia per i telegiornali che durante
la festa di Halloween dei giovani avevano giocato a fare i vampiri.
E che era stato solo un gioco.

I due ragazzi non si ricordano nulla di quello che è successo.
Arriva l'inverno. A Venezia le sere sono sempre nebbiose, e Lussy di sera si muove solo quando ha bisogno.

Musica in piazza San Marco. Ricordi di musica delle orchestrine. Visione di Lussy e l'uomo in nero che ballano la prima volta, avvolti nella nebbia.

Qualche notte, verso mezzanotte, passeggia con l'uomo in nero per piazza San Marco.
Vanno a caccia di qualche turista per passare la notte.

Arriva il periodo del carnevale.
A Venezia c'è molta allegria, e molti turisti passeggiano in maschera fino al mattino.
Poi vanno in hotel a riposarsi.
Le strade sono piene di musica allegra tipica da carnevale, ad esempio Brasil, e molte altre canzoni tipiche.
Lussy sta passeggiando; è tutta sola e indossa il costume di Zorro.
Vede una ragazza in maschera da gattina; Lussy la guarda e le dice: "Vuoi essere la mia gattina?"
La ragazza in maschera le sorride e le dice: "Lasciati guardare, mio bello Zorro".
Lussy, con un bel sorriso, si gira su se stessa, fa una piroetta e le dice: "Ti piaccio?"
La ragazza alza la zampa da gattina e le fa: "Miao, miao, mi piaci! Hai un bel culo rotondo, mi piace!"
La ragazza le dà un bacio sulla bocca, le prende la mano e scappano.
Mano per la mano, le due maschere vanno per le calli.
Ogni tanto si baciano e si toccano.

Musica degli Ameno: Era original hd.

Alle 4 del mattino trovano una calle morta che va in un sottoportico.

Sole, solo con il rumore dell'acqua, si baciano.

Dopo un po' Lussy la morde sul collo e succhia il sangue della bella gattina.

All'alba Lussy prende il fioretto e le buca prima il cuore, poi le penetra il collo e la spinge nell'acqua del canale.

Lussy sta male perché ha ucciso la gattina; è pentita per quello che ha fatto.

Rimane a casa qualche giorno.

Musica dei Goblin: Deep Shadows.

Una sera esce e si traveste da giovane ragazza con una minigonna da sballo.

Passeggia per le calli di Venezia.

56 persone mascherate, a ritmo di tamburi, la seguono, la coinvolgono in un gioco, la portano dietro una chiesa.

I ragazzi mascherati ballano e anche Lussy balla con loro.

Tutto sembra normale. Un ragazzo le mette una mano sul culo; subito un altro la palpeggia.

In pochi minuti le sono tutti sopra e la violentano.

Lussy vorrebbe urlare ma le piace questo gioco.

Il gioco si fa sempre più duro, passano 2 ore e lei è stanca.

Lussy dice: "Basta, basta! Vi prego, basta! Mi fate male, vi prego!"

Nel branco tutti godono e tutti le dicono: "Ti piace, troia! Volevi fare la verginella!"

Quando tutti se ne sono andati, un frate esce dal retro della chiesa e vede Lussy per terra.

La prende in braccio, la porta dentro e con altri frati la visitano e cercano di guarirla.

Lussy apre gli occhi e vede 4 frati attorno a lei.

Lussy: "Chi siete? Cosa volete?"

Un frate: "Come stai? Cosa ti hanno fatto?"

Lussy: "Non ricordo nulla, sento dolori alla pancia, sto male".

Altro frate: "Dove abiti? Chi sono i tuoi genitori?"

Lussy: "Abito da sola a Venezia".

Frate: "Allora puoi stare qua finché non guarisci".
Frate: "Ti abbiamo lavata e ti guariamo; non serve che vai all'ospedale".
Lussy: "Grazie".
Il frate: "Adesso riposa. All'ora di pranzo ti porteremo da mangiare".

Musica dei Gregorian: Dark Side of The Chant.

I frati chiudono la porta e vanno in chiesa.
Più tardi un frate le porta da mangiare.
Per qualche giorno Lussy sta a letto.
Dopo qualche giorno i frati pregano nella stanza di Lussy.
Lussy cambia voce e si trasforma in vampiro, fa vedere i denti.
I frati le buttano l'acqua santa addosso e pregano.
I frati le mettono la croce addosso nel letto e pregano sempre più forte ad alta voce.
Lussy urla, fa un urlo come fosse un orco e dalla bocca esce una nuvola di forma umana.
Questa nuvola attraversa il muro della stanza.
I frati finiscono di pregare. Improvvisamente Lussy apre gli occhi e domanda con la sua voce cosa era successo e cosa fa là.

Musica dei Gregorian: Sound of Silence.

Dopo 10 giorni i frati la salutano e la portano al parcheggio.
Una grossa macchina con targa inglese l'aspetta. Esce un signore, le apre la porta e la macchina parte.

Fine

Una vampira a Venezia

clmarte2@gmail.com

12.01.2013

L'isola dee pantegane

Il racconto nasce da un'idea.
Durante un viaggio in treno per Milano.

L'isola è tra Mestre e Venezia, è un'isoletta rotonda dal diametro di circa 200 metri, con molti alberi.
E a Venezia la chiamano l'isola dee pantegane.

Una domenica di luglio delle coppie di ragazzi con una barchetta tipica veneziana vanno nella isola e perdono il senso dell'orientamento.

Girato a Venezia, nell'isola tra Venezia e Mestre.
E al Lido di Venezia per alcune scene.
Girato a luglio, a Lido San Nicolò pineta, vicino al ristorante Pachuka.
C'è un albero da frutta in mezzo al verde di una mini foresta.
Su questo albero ci sono i frutti allucinogeni e questo albero farà anche da ombrello e capanna. A 50 metri c'è l'albero dei frutti per l'antidoto che salverà i ragazzi.

Musica di testa dei Pitura Freska: Pin Floi.

Musica di coda dei Pitura Freska: Picinin.

Una bella domenica di luglio cinque amici, due ragazze e tre ragazzi, tutti ventenni, decidono di prendere la barchetta e girare per la laguna di Venezia.
Sono le 9 del mattino. Fanno un pezzo del Canal Grande a remi: due ragazzi remano; altri tre, seduti, cantano le canzoni dei Pitura Freska che suonano per la radio.

Piano piano remano sul canale del Ponte delle Guglie. Si trovano nella laguna dalla parte di San Giuliano.

Una barca li segue per riprendere tutte le scene.

Si attaccano a una briccola e si buttano in acqua per nuotare.
Dopo un'ora di nuoto, verso le ore 13, mangiano qualcosa in barca e cantano 'Azzurro' di Celentano, con la radio che va.
Sempre fermi a quella briccola, prendono il sole e ascoltano la musica piano piano, distesi sulla barca.
Verso le ore 17 decidono di andare a pescare.
Sono vicini all'isola delle pantegane. Decidono di scendere per prendere dei vermi per pescare.

Musica dei Pitura Freska: Bea Fia.

Dopo 10 minuti che cercano vermi nella secca, Marco e Anna decidono di andare dentro l'isola. Passano 10 minuti; anche Mario, Carlo e Antonella entrano nel verde dell'isola.
Incomincia a piovere molto forte e tutti i ragazzi si riparano sotto un albero da frutta fatto a ombrello.
Dopo 20 minuti si crea una forte nebbia.
Carlo allunga una mano, prende dei piccoli frutti e incomincia a mangiarli.
Carlo: "Che buoni, sono dolcissimi".
Tutti incominciano a mangiare questi frutti.
Passa mezzora. Tutti i ragazzi hanno le visioni: hanno la testa che gira, vogliono parlare ma non riescono; si distendono per terra, nell'erba.
Anna: "Che bello, vedo tutti gli alberi che cambiano colore e forma".
Mario: "Vedo tutte le foglie che cambiano colore".
Altri ragazzi: "Anch'io, anch'io! Che bello, mi sento bene!"
Anna: "Sento i Pitura Freska che cantano la canzone Marghera".
Mario: "Anch'io sento Marghera".

Dopo poco, tutti zitti, si addormentano.

Si sente solo il rumore della pioggia.

Passano le ore. La barca va via con la corrente delle onde.
Passano le ore. Arriva la notte e i genitori dei ragazzi si preoccupano
perché non arrivano.
Qualcuno chiama i carabinieri; sono le 2 di notte.
I carabinieri, dopo qualche domanda ai genitori, mandano due lance
in giro per la laguna.
Si sente la sirena delle lance dei carabinieri, e nel buio della notte
spariscono.

I genitori, preoccupati, si disperano tra di loro.
Uno di loro dice: "Siamo a Venezia, dove volete che siano andati?
Vedrete che tra poco tornano tutti a casa".

L'unico rumore che si sente è quello di due gatti che baruffano.

All'alba i cinque ragazzi si svegliano, si guardano e mangiano ancora
i frutti dell'albero. Storditi con le allucinazioni, ridono da matti,
ridono per ore vedendo tutto sdoppiarsi anche quando parlano al
rallentatore.
Passano le ore e, sotto l'effetto della droga, cercano l'uscita della mini
foresta.
Camminano in un sentiero di erba e rami alti come loro.
Fanno qualche metro e si sentono legati alla vegetazione.
Dopo ore e ore che camminano in un incubo chiamato erba e nebbia,
si ritrovano sotto l'albero e mangiano ancora dei frutti tossici.
Ricadono tutti per terra, tutti sudati, e piove molto forte.
Si sente solo il rumore della pioggia.
Sotto l'albero sono protetti dalla pioggia.
In mezzo a questa piccola giungla fa molto caldo.
Sono le ore 18. Sono sotto l'albero e ogni tanto mangiano i frutti
dell'albero.

Mario: "Che buoni questi frutti".

Carlo: "Voglio una sigaretta".

Anna: "Che caldo che fa".

Antonella: "Questi frutti mi piacciono da morire".

Anna: "Anche a me. Mi viene anche voglia di fare sesso".

Marco, dopo mangiato dei frutti, vede Anna che si alza; va verso di lei, cerca di urlare ma non ci riesce e vede la ragazza diventare sempre più larga, con una lingua lunghissima che si attorciglia come un serpente.

Anna va verso Marco e lo vede sciogliersi come del pomodoro.

Tutti hanno le allucinazioni e sono in preda al panico.

Carlo prende per una gamba Antonella e la lecca come fosse un chupa chupa.

Passa la notte.

Musica Jannacci: Vengo anch'io. No, tu no.

Le pattuglie dei carabinieri e della polizia corrono per la laguna.

Si sentono le sirene; dall'alto viene inquadrata l'isola per far vedere quanto piccola è.

In un appartamento la televisione va. I genitori, disperati, si chiamano per telefono.

Una mamma al telefono: "Hai saputo qualche cosa? Vado via di testa dove saranno andati? Che siano andati a Parigi e non ci hanno detto nulla? Se ci sono novità chiamami".

All'alba del mattino nell'isola piove e si sente il rumore della pioggia con qualche tuono.

I ragazzi si svegliano. Hanno fame e mangiano ancora altri frutti.

Si alzano in piedi e vedono tutto più grande.

Ballano dentro i vestiti; vedono l'erba sempre più alta.

Marco: "Mi viene da impazzire. Con questo umido le maglie si sono allungate e allargate".

Carlo: "Andiamo via da qua, entriamo in questo sentiero e usciamo".

Anna piange: "Sì, sì, andiamo via da questo inferno".

Marco: "Vedo l'erba più alta di ieri".

Antonella: "Anch'io ho osservato questo".
Mario: "Dobbiamo arrivare alla barca, forza!"

Dopo 5 minuti incominciano le allucinazioni.
Camminano come degli zombi, incastrati tra le erbe e il verde della mini foresta.
Vedono tutto che si allarga e che si ristringe. Passano le ore e sono là; non hanno fatto neanche 2 metri nella nebbia allucinante.
Nel pomeriggio, un po' più svegli, attraversano un po' di verde e incomincia a piovere. Fanno 10 metri e si trovano al riparo dello stesso albero.
I ragazzi sembrano un po' svegli, non hanno allucinazioni.
Marco: "Ma siamo sempre qua, sotto lo stesso albero".
Mario: "Maledizione! Cosa ci succede? Sempre questa nebbia afosa!"
Carlo: "La foresta è sempre più alta e fitta, non capisco".
Anna: "Con una pietra facciamo un segno all'albero; voglio vedere come cresce".
Marco prende un pezzo di pietra e fa un segno sull'albero.
Antonella: "Ho fame, devo mangiare".
Tutti mangiano gli altri frutti senza capire che sono i frutti che sono tossici.
È quasi il tramonto; piove molto forte, ma i ragazzi sono al riparo dell'albero. Dopo 2 ore che hanno mangiato la frutta incominciano ad avere le allucinazioni. Non riescono a parlare, qualcuno parla al rallentatore.
Vedono, come al solito, la foresta allargarsi e stringersi come una macchia di pittura fresca con mille colori.
I ragazzi sono distesi con la testa all'insù e son tutti impazziti.
I ragazzi cantano 'Pin Floi' dei Pitura Freska.

Il giorno dopo, nel cielo della laguna di Venezia, ci sono gli elicotteri che volano e si vede tutta la laguna.

Musica degli 883: Hanno ucciso l'uomo ragno.

Nella laguna i carabinieri hanno trovato la barchetta dei ragazzi; era legata alle Fondamenta Nuove.
Qualche veneziano l'aveva legata come si usa a Venezia senza avvertire la polizia.

Passano i giorni.
I genitori, disperati, si telefonano.
Una mamma: "Sono disperata! Mia figlia è stata rapita, la ammazzeranno, ho tanta paura!"
Un'altra mamma: "Non capisco come sia sparito. Marco è un ragazzo serio, non penso che si sia annegato, lui sa nuotare. Ti prego! Ti prego, Signore! Aiuta i nostri figli, ti prego!"

Dopo 7 giorni, alle 7 del mattino nell'isola delle pantegane i ragazzi si svegliano.
Marco con una mano mangia i frutti appena raccolti e guarda l'albero.
"Carlo, Mario, Anna, guardate l'albero! In questi giorni è cresciuto di un bel pezzo".
Tutti stanno mangiando i frutti. Improvvisamente Anna dice: "Le nostre scarpe sono il doppio dei nostri piedi! Anche le nostre maglie sono molto più grandi di prima!"
Marco: "Sarà l'effetto della foresta".
Antonella: "Il segno che abbiamo fatto sull'albero è molto più alto di qualche giorno fa. Un albero non può crescere così in qualche giorno!"
Anna piange: "Maledetta foresta! Moriremo qui!"
Dopo un'ora Carlo rimette tutta la frutta che ha mangiato.
Tutti gli altri ragazzi hanno le solite allucinazioni.
Vedono l'universo con tutte le stelle avvicinarsi velocemente.
Sono tutti distesi sotto l'albero, con la testa all'insù.
Carlo guarda i ragazzi e capisce che sono tutti drogati dai frutti dell'albero.

Fine primo tempo

Carlo cerca di aiutare a far rimettere i suoi amici, ma è troppo tardi.

Musica: solo rumori della foresta.

Carlo ai suoi amici: "Hey, svegliatevi! Dovete rimettere la frutta, è tossica! Rimettete, dovete rimettere!"
Carlo agita i suoi amici, ma loro sono come in trance.
Carlo: "Adesso cosa faccio? Aspetterò".
Passano le ore. Nel tardo pomeriggio vede che lui è più alto dei suoi amici di circa una mano.
Capisce che sono i frutti dell'albero che hanno provocato questa situazione.
Si misura con l'albero; pensa di essere alto circa un metro.
Passa la notte. Al mattino fa vedere agli amici che lui è più alto di tutti perché ha rimesso la frutta che ha mangiato.
Tutti svegli, senza l'effetto della droga, decidono di non mangiare la frutta.
Anna prende qualche frutto e se lo mette in tasca senza che nessuno veda.
Sono le 9 del mattino. A 10 metri da loro, un corvo si fa sentire, vola di qua e di là per farsi notare.
Tutti assieme approfittano della bella giornata di sole e piano piano si fanno strada; riescono dopo ore a fare 20 metri.
Il corvo gracchia per farsi sentire e vola da un ramo all'altro.
Incomincia il buio. Il corvo resta vicino ai ragazzi.
Alle 5 del mattino il corvo gracchia così forte che sveglia tutti.
I ragazzi incominciano a camminare in mezzo alle erbe altissime.
Dopo qualche ora Anna sta male, ha le allucinazioni.
I ragazzi la fanno vomitare; rimette un po' di quello che ha già mangiato. Si fermano per qualche ora; Carlo le dà da bere dell'acqua ferma su delle foglie.
Passano il giorno fermi ad aspettare che ad Anna passi l'intossicazione.
Al mattino presto c'è il sole. Il corvo fa un chiasso da matti.

Tutti si alzano e vedono Anna che è più piccola del solito.

Hanno le prove che la frutta che hanno mangiato era la causa di tutto.

Carlo: "Avete visto che ho ragione? Anna è più piccola di ieri".

Anna: "Hai ragione, è la frutta che ci ha fatto male".

Marco: "Sì, è proprio così".

Antonella: "Cosa penseranno i nostri genitori? Saranno in pensiero!"

Mario: "Andiamo, vedete il corvo che ci dà dei segnali?"

Si mettono in marcia e il corvo gli fa strada.

Dopo ore che cercano di uscire dalla mini foresta, seguendo il corvo vedono un po' di luce e meno vegetazione.

Il corvo gracchia e vola sopra un alberello con della frutta gialla e piccola.

Carlo: "Sembra che il corvo voglia dirci qualcosa".

Antonella: "Vai a capire cosa vuole dirci il corvo".

Mario: "Osserviamolo".

Il corvo vola vicino a loro e poi vola sull'albero della frutta.

Per diverse volte fa questi voli.

Anna: "Ho capito. Vuole che andiamo dove c'è quell'alberello".

Antonella: "Anche il mio cane fa così quando vuole farmi capire qualche cosa. Andiamo sotto l'albero".

Arrivati vicino all'albero, il corvo prende un frutto giallo con il becco e lo mangia.

I ragazzi non capiscono, hanno paura che anche quella frutta sia allucinogena.

Antonella: "Ho capito, vuole che mangiamo quella frutta".

Antonella: "Anche il mio cane si comporta così quando vuole qualcosa".

Antonella: "Io mangio qualche frutto".

Mario: "E se fosse velenoso?"

Carlo: "Ha ragione, mica conosciamo il corvo".

Anna: "Mangio io la frutta, vediamo cosa succede".

Anna, senza pensarci due volte, prende tre frutti e li mangia.

"Sono buoni, sì, sono proprio buoni".

Marco: "Anche gli altri frutti erano buoni ma ci hanno fatto male. Noi aspettiamo prima di mangiare".
Carlo: "Sì, aspettiamo per vedere l'effetto che fa".

Dopo 10 minuti Anna fa dei piccoli salti e dice: "Che bello, che bello! Sto correndo sulla spiaggia, sul bagnasciuga! Vedo un tramonto bellissimo! Sono tutta sola, sono tutta nuda".

Anna ha una visione, si vede lei che corre nuda.

Si vede Anna che corre e che salta con i piedi nell'acqua, è lontana circa 30 metri. Il sole al tramonto scende e lei va sempre più lontano fino a sparire.

Musica dei Pink Floyd: Wish You Were Here.

Dopo mezzora Anna si distende per terra e dorme.
Attorno, gli amici la guardano e le toccano le mani per starle vicino.
Piano piano fa scuro; tutti si addormentano, si vedono le stelle.
Una notte stellata con qualche stella cadente.

Musica dei Pink Floyd: The Dark Side of the Moon.

Al mattino Anna si alza e ha voglia di correre.
Corre un po' intorno; si sente bene e piena di energia.
Più tardi, verso le 10, i ragazzi si svegliano.
Vedono Anna che fa ginnastica e che è piena di energia.
La chiamano: "Anna, Anna, come ti senti? Come va?"
Anna: "Mi sento benissimo, sono anche più forte di prima".
Marco e gli altri si avvicinano ad Anna. Con stupore Marco esclama: "Sei più alta di noi!"
Antonella: "Sì, è vero, e sei anche in forma".
Dopo altre domande.
Mangiamo la frutta.

Marco: "Dov'è il corvo?"
Antonella: "Corvo, corvo? Deve essere andato via. Grazie, grazie".
Mario: "Io sto già mangiando. Buona questa frutta!"

Tutti mangiano la frutta di questo alberello, anche Anna.

Tutti corrono verso una direzione e saltano per 5 metri.
Tutti: "Che bello, che bello! Siamo in spiaggia!"

Si vedono tutti i ragazzi correre nudi con i piedi nell'acqua.
E spariscono nel tramonto.

Musica dei Pink Floyd: Wish You Were Here.

I ragazzi si distendono per terra e dormono.
Passano il giorno e la notte; si vede la notte stellata.

Musica dei Pink Floyd: un pezzettino di The Dark Side of the Moon. Solo i cori.

Si sentono l'allocco e qualche gufo nel silenzio della notte.
Di giorno si sentono gli uccellini del bosco.

A Venezia la telecamera fa vedere i turisti che passeggiano in una bella giornata di sole.

È l'alba. Nell'isola delle pantegane si sveglia la natura.
I cinque ragazzi si svegliano, si alzano e incominciano a muovere un po' le braccia e le gambe.
Marco: "Ah, che bella giornata! Ho dormito bene".
Antonella: "Anch'io ho dormito bene e mi sento in forma".
Mario: "Ho voglia di fare ginnastica e correre in acqua".
Anna: "Vi ho osservati bene tutta la mattina e sono contenta perché avete dormito bene e senza incubi".

Carlo: "Adesso mangiamo altra frutta, sicuramente ci aiuterà a riprendere le forze e a tornare alla normalità".

Intanto che il bosco prende il suo aspetto con il cinguettio degli uccellini, i ragazzi mangiano altri frutti dell'alberello.

Scena

Si vedono i ragazzi sedersi in cerchio. Dopo qualche minuto si lasciano cadere con il viso all'insù e si vedono proiettati in volo in mezzo a milioni di stelle.

Musica di Steve Vai: For the Love of God.

Volano come le frecce tricolore durante un'esibizione.
Passano diversi giorni. I ragazzi si sentono totalmente normali e pieni di energia.
Seduti sull'erba, vicino all'albero, parlano.
Marco: "Non dobbiamo dire a nessuno cosa ci è successo, tranne che ai nostri genitori".
Anna: "Ha ragione, ci prenderebbero per pazzi".
Carlo: "Cosa dobbiamo inventare?"
Antonella: "Non è facile, diciamo la verità: siamo stati in un'isola. Qui in laguna ci sono tante isole. Abbiamo perso la barca e per tutti questi giorni nessuno è passato a prenderci".
Antonella: "E adesso siamo qua".
Mario: "Penso che si possa dire la verità che ha detto Antonella. Nell'isola abbiamo mangiato frutta tutti i giorni".
Mario: "Questa sera lasceremo l'isola, nuoteremo tutti attaccati fino alla prossima barena; poi durante la notte, quando non ci sono barche che corrono, attraverseremo. Sono solo 200 metri e andremo a casa all'alba.

Musica di Edoardo Bennato: L'isola che non c'è.

Quando la luna è alta e il silenzio è profondo, i cinque ragazzi nuotano tutti vicini fino alla barena di fronte all'isola delle pantegane. Dopo pochi minuti attraversano il canale e si trovano nella barena.

Camminano per la barena e parlano dell'avventura e della serata piena di stelle.

Mario: "Che bello nuotare di notte".

Antonella: "Ho un po' di paura perché non si vede nulla".

Mario: "Che bella stellata, si sta bene".

Carlo: "Siamo quasi arrivati. Ho sbagliato, siamo ancora lontani".

Anna: "Per fortuna che l'acqua non è molto alta".

Mario: "In barena l'acqua non è mai tanto alta".

Marco: "Io ho fame. Quando arrivo a casa mangio una spaghettata alla Totò".

Anna: "Tra un'ora saremo a casa".

Passano 30 minuti e sono vicini all'attraversata del canale per arrivare alle fondamenta del Ponte dei Tre Archi.

Musica di Lucio Battisti: Aver paura d'innamorarsi troppo.

Attraversano il canale tutti uniti.

A quell'ora della notte non c'è nessuno, è tutto calmo.

Stanno attraversando il canale; da lontano una luce si avvicina a loro.

I cinque ragazzi nuotano più veloci che possono, perché una barca di notte è molto pericolosa.

La barca si avvicina. I ragazzi riescono a passare appena in tempo.

Arrivati alla riva, si avviano verso casa.

Marco: "Siamo stati fortunati, questa barca poteva ammazzarci!"

Carlo: "Beh, adesso siamo qua. Andiamo verso casa".

Anna: "Che ora sarà?"

Mario: "È notte fonda, troveremo solo qualche turista".

Antonella: "Arrivo, mamma".

Musica dei Cugini di Campagna: Anima mia.

I ragazzi si avviano verso casa.

La telecamera per 10 minuti fa vedere i cinque ragazzi che camminano di notte per Venezia con la magia notturna veneziana.

Dopo un'ora si dividono.

Mario: "Siamo quasi arrivati, ognuno a casa propria".

Anna: "Ci sentiamo domani mattina per telefono".

Carlo: "Se qualcuno avesse problemi, anche tra mezzora, mi telefoni".

Marco: "Ci abbracciamo".

Antonella: "A domani mattina".

"Ciao, ciao, ciao".

E tutti si avviano verso casa.

Musica dei Pooh: Piccola Katy.

I ragazzi, arrivati a casa dai genitori, incominciano a piangere.

Mario suona a casa. Apre la porta suo padre che chiama sua moglie Maria.

Padre di Mario: "Come stai? Cos'è successo?"

Maria: "Figlio mio, che magro che sei! Conta tutto a tua mamma".

Mario: "Ci siamo persi su un'isola qui vicino e la barca è andata via con la corrente".

Antonella abbraccia i suoi e piangono tutti assieme. C'è anche la nonna.

Quando vede i due fratellini più piccoli che piangono, Anna si commuove e tutti assieme, uniti in un abbraccio, si baciano.

Carlo abbraccia il padre, la madre e il fratello più grande.

Anche Marco abbraccia la sua famiglia.

Marco entra in casa: "Mamma, ho fame. Sono diversi giorni che non mangiamo come a casa".

A casa di Carlo l'orologio segna le 3 del mattino.

Suo fratello più grande: "Sediamoci in cucina, sono pronti gli spaghetti al nero di seppia. La mamma ne ha fatti di più perché sperava".

Passa la notte. Al mattino la telecamera gira per Venezia mostrando la giornata tipica veneziana.

Musica Rondò Veneziano.

La telecamera fa vedere il Ponte di Rialto, e da sopra il ponte fa vedere il Canal Grande.
Poi la telecamera fa vedere Piazza San Marco.

Oggi è il giorno del Redentore e a Venezia c'è la festa con i fuochi.

Musica dei Pitura Freska: Pin Floi.

La telecamera inquadra una tavola vicino alla riva della Giudecca, piena di cose tipiche venete da mangiare, tante bottiglie di vino e altro. Seduti ci sono tutti i ragazzi con le famiglie e due carabinieri che mangiano e ridono tutti assieme.
La telecamera alza la testa e fa vedere i fuochi d'artificio per circa 7-8 minuti e si sente la musica dei Pink Floyd: The Dark Side of the Moon.
Finisce il film.

fine del film l'isola dee pantegane

Matterazzo Claudio

31 04 2013

Musica di Emerson, Lake & Palmer: Toccata.

www.ingramcontent.com/pod-product-compliance
Lightning Source LLC
LaVergne TN
LVHW041333200726
843509LV00009B/702